元宇宙21讲

重构互联网新形态

郭大治　刘勇　张志伟　著

CS | 湖南人民出版社 ·长沙·

图书在版编目（CIP）数据

元宇宙21讲：重构互联网新形态 / 郭大治，刘勇，张志伟著. —长沙：湖南人民出版社，2022.5（2022.10）
ISBN 978-7-5561-2912-6

Ⅰ. ①元… Ⅱ. ①郭… ②刘… ③张… Ⅲ. ①信息经济 Ⅳ. ①F49

中国版本图书馆CIP数据核字(2022)第059063号

元宇宙21讲：重构互联网新形态
YUANYUZHOU 21 JIANG：CHONGGOU HULIANWANG XINXINGTAI

领读文化传媒
LINGDU Culture & Media

著　　者：郭大治　刘　勇　张志伟
出版统筹：陈　实
监　　制：傅钦伟
选题策划：领读文化
产品经理：领读-康瑞锋
责任编辑：田　野
责任校对：唐水兰
装帧设计：欧阳颖

出版发行：湖南人民出版社有限责任公司［http://www.hnppp.com］
地　　址：长沙市营盘东路3号　　邮编：410005　　电话：0731-82683313

印　　刷：湖南凌宇纸品有限公司
版　　次：2022年5月第1版　　印　　次：2022年10月第2次印刷
开　　本：880 mm × 1230 mm　1/32　　印　　张：6.25
字　　数：104千字
书　　号：ISBN 978-7-5561-2912-6
定　　价：48.00元

营销电话：0731-82683348（如发现印装质量问题请与出版社调换）

序

有句话说得好，梯子再高也上不了月球，得需要火箭才行。

在过去的一年多时间里，元宇宙第一股 Roblox 上市登陆纳斯达克、英伟达线上虚拟发布会、Facebook 更名 META 等新闻层出不穷，用视频号创作来打发和充实业余时间的我似乎再一次找到了人生的使命感，时常处在亢奋状态，新机会终于来了吗？

我一直深信创业是一种科技、人才加资本的积木式融合和爆发的过程。连续创业，需要连续找风口找方向，这是一个痛苦的要么靠认知和趋势变现，要么把靠运气赚来的钱再靠实力一点一点还给社会的过程。过去十年我在互联网 + 教育、互联网 + 金融、互联网 + 汽车等风口上游走，侥幸拿到过上亿投资并购，但也有屡次风口过后一地鸡毛、深陷泥潭般的绝望，有时候不是你不想长期主义，是你的选择太短期了，而认知就是选择的那把钥匙。要找到一个“流水不争先，争的是滔滔不绝”的滚雪球式的高价值区之门，是每个创业者的梦想。

创业不读书，就会在实践中去流血。

哪个时代不内卷？时代机会留给那些悲观者中的乐观者，明知道盐碱地里种不出好庄稼，你还纠结什么呢？选择不对，努力白费。今天，元宇宙这样一个跨时代的巨大机会到来了，它跟我们普通人有什么关系呢？郭大治老师的这部书稿我一口气就读完了。再次深深觉得，想抓住时代机遇首先要武装自己的大脑，升级自己的操作系统。这本书的作者具备扎实的经济学知识体系，且一直在前沿的区块链金融领域探索和实践，平常在跟他探讨科技趋势的过程中我受益良多，常常会给我一些底层逻辑的思考。知其然再知其所以然，才可以在新世界中发现属于自己的机会，一个具体的创业或投资的机会。

希望这本书能给创业者们打开那扇元宇宙的未来之门、价值之门、成就之门。

积木资本创始合伙人：靳伟

视频号金V博主：靳伟说

2022年3月13日

前 言

有人说元宇宙是新时代的工业革命；也有人说元宇宙是今日赌场、未来天堂；更有甚者，说元宇宙里是满满的丛林法则，因为元宇宙只是资本与互联网大厂为你我编织的新的“囚笼”。

而我想说的是，现在这个阶段，猜测元宇宙的终局并没有太大意义，但从现在来看，元宇宙就是摆在我们面前的实实在在的产业机会！

这也是我撰写本书的初衷，揭开元宇宙“虚拟面纱”。元宇宙创造了一个全新的虚拟空间，但元宇宙当中已经存在的由虚拟偶像、数字分身、虚拟商品和虚拟地产等元素构成的“元宇宙产业地图”每个细节背后都隐藏着存在于现实世界的，涉及信息科技、创意产业等诸多领域的，既包括软件也包括硬件系统的复杂的产业链。

在上述产业链中，游戏因为其平台化的发展趋势，以及在创作模型和经济模型方面的持续探索，正在成为人类探索元宇宙建设的最佳工具；游戏引擎作为游戏开发的专业化工具已经孕育出 Unity 和 Epic Games 等工具和创作巨头，还有诸如英伟达 Omniverse 等作为开发者协作平台，作为“为工具服务的工具”，不仅为游戏开发提供了便利，同时还将游戏开发产业链进一步延伸。

游戏代表了人类对于元宇宙已有的探索，数字孪生则代表了元宇宙为人类下一步探索预留的空间，数字工厂、数字公路和数字智慧城市都是在这个方向探索的开始。以游戏引擎和数字孪生为代表的数字化场景再造工具勾画出元宇宙“工具箱”的基本组件，“产业地图”和“工具箱”都代表着元宇宙在这个时点已经展现给现实世界的实实在在的产业机会。

如果说元宇宙产业地图描绘的制造业和建筑业还离不开“虚拟”作为前缀的话，那么元宇宙要打造的经济系统可是货真价实的“实体经济”。

NFT（全称为 Non-Fungible Token，指非同质化代币）作为自带编程功能的产权证明，构建了元宇宙的商品体系，并能衍生出远超商品所有权的多种权益，这些权益构成了元宇宙经济体系的底层资产。

区块链在账户开设、清结算以及离散型金融方面表现出来的新的特点，不仅为在元宇宙建立运行规则完全不同于传统金融的开放性金融体系提供技术支撑，还会对传统金融运行规则、产品特点以及整体效率产生影响。

基于场景数字化为生产和创作带来的便利，在元宇宙中进行创作的门槛显著降低，以“边玩边赚”为代表的“创作者经济”模式不仅可以通过扩大生产要素的投入实现更大规模的产出，同时还可以通过赋予用户“生产者”和“消费者”的双重身份建立用户和产品之间更具黏性的联系。

治理是实现虚拟世界和现实世界利益打通的重要工具，基于智能合约的执行功能，DAO（Decentralized Autonomous Organization 的简写，即去中心化自治组织）可以为多人参与决策以及利益共享提供新的机制，但 DAO 的效率优势是以合约的功能为边界的。

以上内容是元宇宙经济体系在商品、金融、生产和治理方面已经表现出来的显著特点，对元宇宙产生影响的规律还远不止这些，元宇宙虚实共生的特点决定了现实世界同样也会对元宇宙发挥重要影响。

不管元宇宙未来会发生什么演化，功能多么强大，元宇宙还不能离开现实世界的能源和算力独立存在，迄今为止也没有出现独立于人类存在而超越人类的利益主体，所以，现实世界是元宇宙存在的基础，而虚拟世界的诸多特点集中体现了元宇宙参与产业链分工的比较优势。

元宇宙最大的优势是为我们在信息创作和传播方面提供了更大的自由，但是世界上没有免费的自由，元宇宙中太多的空白地带需要通过现实世界规则的延伸和虚拟世界新规则的建立去填补。

在元宇宙这个新的场景下，个人技能和商业机会的逻辑将全面重构，本书就是一次对元宇宙进行拆解的尝试，我们在这里不太可能看到元宇宙的全貌，但把握元宇宙已经展现的机会一定是我们可以看到元宇宙全貌的阶梯！

揭开元宇宙“虚拟面纱”，让我们理想中元宇宙的真实面容早日展现出来吧！

郭大治

目 录

第一章
元宇宙概念拆解

第二章
元宇宙“产业地图”

第三章
元宇宙“商业机会”

第四章
元宇宙“赚钱逻辑”

第五章
元宇宙和你的“小宇宙”

第一章

元宇宙概念拆解

第一讲

概念直击：记住三个词，秒懂元宇宙

1992年，美国科幻作家尼尔·史蒂芬森在《雪崩》一书中提出了“元宇宙”的概念，但在接下来的20多年中，元宇宙却仅仅停留在概念阶段，只是偶尔在影视作品中出现。比如迷你剧《黑镜》和科幻剧《西部世界》都提到过元宇宙。

直到2021年3月，随着游戏公司 Roblox 上市，元宇宙才从概念走进了现实，并迅速圈粉各家互联网大厂和投资机构。

元宇宙到底有什么魅力？它凭什么让巨头们纷纷出手？这里我引用两个名人的观点，让你先感受一下它的魅力。第一个是 Facebook 创始人扎克伯格说的，他说：“元宇宙是跨越许多公司，甚至整个科技行业的愿景。”另外一句是著名科幻作家刘慈欣说的，他说：“如果人类在走向太空文明以前，就实现了高度逼真的 VR 世界，这将是一场灾难。”

是的，关于元宇宙的认知就是存在着如此巨大的差异，但是，不管你认同哪方观点，元宇宙已然成为当今社会最能检验你“科技熵”的不二话题。这一讲，我就用最通俗的语言告诉你，到底什么是元宇宙？

首先，需要说明的是，目前元宇宙只是一个存在于人们理念中的概念，没有人拥有判断“元宇宙”的绝对标准，但这并不妨碍我们在兼顾各种版本定义的基础上，以经济学和互联网的知识背景带给你一个简明易懂的定义。

元宇宙实际上是一个基于独立身份参与的、无限逼近现实世界且能对现实世界产生重要影响的虚拟世界。一句话概括就是，元宇宙是一个“高级版”的虚拟世界。

你也许会问，文学作品、互联网、游戏都是虚拟世界，那它们是不是元宇宙呢？当然不是，因为它们相对现实世界来说都太“简陋”了，我们用互联网举例来说明一下这个问题。

虽然互联网的普及程度已经很高了，人们的生活也越来越依赖互联网。但是新冠肺炎疫情来了之后，你突然发现，很多事情其实在互联网上还是干不了。比如：你想感受奥运会就只能看转播；孩子们可以在家上网课，但考试还差点意思。类似的情况还有很多，那怎么办呢？互联网干不了的事情就需要元宇宙来解决了。

Facebook 就曾用视频向人们展示了一种通过元宇宙开会的情景。在这个场景中，你不仅能发言，能通过手势表达自己的想法，而且你还可以从你的同事的身形动作上，感觉到他和你一样都在投入讨论同一个问题。

这就是元宇宙提供的超越互联网的功能，当然这只是一个小小的例子，元宇宙能做的事情还有很多，它可以在娱乐、生活、生产等很多方面，具备现实世界的功能。元宇宙就像是再造了一个现实世界的平行世界。甚至，元宇宙还会对现实世界产生重大影响。当然了，元宇宙对现实世界产生影响，还是要通过人的参与来实现。

这就衍生出了另一个问题，如何让大量的人群向虚拟世界迁移呢？

答案就是独立的账户体系，这里的“独立”不是说账户之间彼此独立，而是说不依赖于任何机构而独立存在的一套账户体系。因为元宇宙存在大量的活动，不能再经历“被拔网线”的风险了。

讲到这里，关于元宇宙的基本特征就已经出来了，我们可以用“平行世界”“独立身份”和“利益打通”三个关键词来概括元宇宙的主要特点。

接下来，我再进一步为你分析元宇宙的这三个关键词。

第一个关键词是平行世界。所谓的平行世界，就是说元宇宙和真实世界高度相像，不管是娱乐、社交、学习，还是商务、研发，真实世界具有的主要活动元宇宙都要具备。

这里我要分享一个例子：我们知道虚拟世界可以聊天、打游戏，那么虚拟世界可以生产汽车吗?

我们知道，汽车的生产过程不仅仅包括零配件的组装，还包括大量的研发和设计工作。这些研发和设计工作完全可以在元宇宙中进行。

另一个真实的案例是：特斯拉在车上安装摄像头和传感器，以便了解每一辆特斯拉实时的运行情况；每一位特斯拉车主在驾驶特斯拉的同时，也在不断地为他们负责自动驾驶的神经网络输入数据。凭借累计超过10亿英里的真实驾驶数据，特斯拉的自动驾驶系统已经成为它最核心的竞争壁垒。这不正是各大汽车厂商努力追求的结果吗？这就是元宇宙的平行世界，以数字形式存在包罗万象和现实世界高度融合。

元宇宙的第二个关键词是独立身份。之前我们讲到，独立身份是一套独立存在的，不依赖于任何第三方机构的身份体系。这里我要强调的是，你的游戏账号、社交账号都不具备这种独立性，即使是身份证和护照也不具备这种独立性。

可以想象一下，现实世界中，你能给自己发放身份证明吗？当然不能。本质上来说，你的身份证是政府在帮你证明“你还是你”，是政府给你开的“介绍信”。这一套体系在现实世界是必要的，也是高效的，但在元宇宙行不通，因为元宇宙是开放的、跨越国界的，如果你还是通过别人的“介绍信”跑江湖，各个“码头”之间如何互相认证？

在虚拟世界“行为即身份”，就是说你的这个账户登录过哪些应用，存储着哪些数据，实际上就是这个账户的特征信息，也就是你在虚拟世界的身份。也可以说，虚拟世界的身份认证，实际上是一个数据使用的授权问题。

这时就需要建立一种去中心化的身份认证系统，基于这个身份，你可以登录各种应用，但是所有的应用又都无权消灭这个身份。这样每个人就都有了“独立身份”。

了解了“平行世界”和“独立身份”之后，我们再来拆解元宇宙的第三个关键词“利益打通”。

刚才我们已经说到，元宇宙对现实世界产生影响，需要通过人的参与。而元宇宙要想有大量的人来参与，就需要一套激励制度。建立虚拟世界激励制度，并且和现实世界的利益打通，才能形成高度复杂的虚拟世界，否则就只能是网游，而不是元宇宙了。

这里先给你科普一个经济学的基础概念——经济体系。经济体系的建立离不开两个基本要素，即商品和货币。基于产权明确的商品和与商品交易匹配的货币制度，才能形成完整的经济体系。

那么，虚拟世界有没有商品呢？答案是既有也没有。比如游戏中皮肤、装备是有的，但是你却没法真正拥有，因为只要游戏公司停服，一切就会归零。那怎么才能解决这个问题呢？答案就是 NFT。

NFT 实际上是一套技术标准，基于这个标准生成的虚拟商品不可拆分，不可复制，而且和某个账户有一一对应关系，比如加密猫、虚拟土地等。所以，NFT 可以为虚拟商品确权提供技术支持。

那么，虚拟世界中的货币是什么样的呢？可以是电子支付，可以是各国法定数字货币，当然也可以是比特币和各种代币。只要是基于电子形式执行支付就可以，至于哪种支付手段可以获得更大范围的使用，那就是市场选择的问题了。

所以说，只有在利益打通之后，平行世界场景的深度和广度才会有一个本质的提升，才会使虚拟世界突破游戏和社交的限制，进而覆盖生产、生活诸多场景，成为一个满足人们生产或生活基本需求的新空间。

第二讲
五重境界：如何找到通向元宇宙的正确入口

我们用"平行世界""独立身份"和"利益打通"三个关键词，概括了元宇宙的基本特征，相信你对元宇宙的概念已经有了一个大概的认识，但是关于元宇宙的具体内容仅凭这些关键词还远远不够。接下来，我会在这些概念的基础上，通过关于元宇宙的五重认知，引导你从现实出发找到通向元宇宙的正确入口。

元宇宙第一重认知："元宇宙是泡沫，甚至是骗局。"

这种认知代表了相当一部分人的心态。在我看来，元宇宙的诞生既有其偶然性，也有必然性。表面上是Roblox的上市带火了元宇宙，但事实上，随着信息技术的发展，数字经济已经成为新一轮世界经济增长的主要驱动力，但数字经济的发展却仍然缺乏一个可以为产业发挥导航作用的宏大而具体的目标，元宇宙正好可以填补这个空缺。它为游戏、社交、文创、电商等一系列产业，提供了清晰的目标和新的巨大的发展空间。

从历史的角度看，凡是具有颠覆性的新生事物，在诞生之初往往都是不被大多数人所接纳的，比如奔驰先生当年发明汽车之后，就遭到教会的禁止。所以关于元宇宙是泡沫，甚至是骗局的说法，我的答案是，不妨先不要轻言结论，通过探索元宇宙背后的逻辑，再建立关于元宇宙的基本认知。

元宇宙第二重认知："元宇宙就是3D版的游戏吗？"

不得不说，目前的游戏确实具备了元宇宙的某些特征，但远未达到元宇宙的基本要求。比如游戏覆盖了虚拟世界的很多场景，但也大都属于社交和娱乐的范畴，远未达到"平行世界"的要求，所以只能说游戏是探索元宇宙的一种有效工具，但游戏远不等于元宇宙。

即使从3D以及用户对沉浸感的需求方面来看，元宇宙不仅应该可以"看到"，还应该可以"感知到"和"可交互"。在具备3D视觉效果且高度沉浸感的前提下，虚实融合和虚实共生才是元宇宙的基本诉求，但游戏显然还没有达到这个要求。

不过我们可以预判，具备3D视觉效果的VR游戏，一定会是未来一个杀手级的应用。就比如沙盒类游戏中，如果在一些探险生存的场景下加上VR效果，那么就会产生完全不同的体验。此外，更重要的是，VR不仅代表一种视觉效果，而且更代表一种全新的人机交互模式。VR游戏的核心特点之一，就是让你像电影《头号玩家》的男主角那样通过“体感捕捉”操控游戏。

讲到这里你会发现，从游戏的视角来看，元宇宙不仅不是遥不可及的，而且还是和现实产业紧密联系在一起的。所以我们才会说，游戏不等于元宇宙，但游戏确实是人类探索元宇宙的一种有效工具。

元宇宙第三重认知：“元宇宙是立体的互联网。”

你可能听过这样一个说法，现实世界是立体的，互联网是平面的，而元宇宙是立体版的互联网。确实是这样，互联网的诞生开启了现实世界数字化的进程，通过使用各种APP，你的衣食住行、所思所想基本上都可以记录下来了，但这些数据只是以你为主体的“一维数据”，并不能反映你和不同空间交互的“多维数据”。如果不把人和物的数据整合起来，数据的价值就会大打折扣，就不能为现实生活中的很多问题提供更有效的解决方案。

举个例子，你个人的信用只能通过你在金融机构的交易记录进行评价，而不能通过你的行为进行评价。也就是说，征信记录既看不到你在个人发展或者创业过程中个人承受的巨大压力，也看不到你在未能按时还贷的背后是否经历过常人完全无法经历的磨难，目前的征信报告只能锦上添花，而不能雪中送炭。

如何实现突破？互联网需要更多维度的数据，需要模拟更多的场景去反映现实世界，也就是需要数据升维。

什么是数据升维？比如目前的行车记录仪只能记录汽车行驶的数据，一旦汽车发生故障，行车记录仪的作用就没有了。但如果将高速公路也实现数字模拟并实时感知之后，汽车的行驶状态就可以被主动感知。汽车发生故障后，就可以主动被救援，这就是数据升维。这种状态下的互联网才能为人类的数字化发展提供更强大的动力。

元宇宙第四重认知：“元宇宙就是现实世界的镜像孪生体。”

什么是镜像孪生体？镜像孪生体指的就是基于数字孪生技术生成的和特定物体高度相像的数字模型。你不要认为这个只是学者们想象出来的一个概念。现实中，数字孪生技术已经在建筑业、制造业等领域得到实际应用。有一家叫英伟达的公司，就曾经运用数字孪生技术为宝马汽车的一个工厂进行建模，这个模型可以实时反映工厂里所有设备的所有动作，这种数字模型就是镜像孪生体。

虽然镜像孪生体和现实世界非常之像，但它并不是元宇宙。为什么呢？因为镜像孪生的世界没有人的存在，即使在目前最复杂的镜像数字城市中，人也只是交通系统中的一类特殊对象，而人和人之间的社交、互动还不能体现，人的利益也无法体现。所以说，如果虚拟世界不能参与现实世界的产业分工，不能在功能和利益上与现实世界打通的话，那么，不管多么逼真的虚拟世界，充其量就是一个复杂的游戏。

所以说，镜像孪生世界是现实世界向元宇宙进化过程中必然会经历的一个阶段，但绝非元宇宙的终点。

最后，元宇宙第五重认知："元宇宙可以创造一个永恒的世界。"

在现实世界中，如果一个人的思想或者价值观得到社会的认可，人们往往就会说，这个人永远活在人们心中，比如孔子的儒家思想，屈原的爱国主义情怀，等等。

在元宇宙，不仅思想可以是永恒的，账户也可以不受物理条件约束而长期存在并发挥作用。道理很简单，现实世界的你通过账户和虚拟世界进行绑定，不管你的生命是否还在延续，只要知道这个账户的密码，就可以通过这个账户进行各种操作。

比如，你可以在现实世界运营一家工厂，并在虚拟世界通过人工智能管理系统制定每年、每月、每天的生产方案，然后再通过自控车间完成生产。你对工厂的影响完全体现在你对账户的控制之上，个人之间转移账户并不会对工厂的运转情况产生影响，即使你将账户控制权转交给他人，工厂也完全可以像在你的控制之下那样，保持同样的品牌，以同样的方式提供同样的产品。

所以说，元宇宙里充满了很多超越现实世界的神奇事物，因为元宇宙是虚实相生、高度进化的，即使在现实世界无法逾越的生理条件，在元宇宙里也完全可能突破。按照现实世界的经验去构想元宇宙难免会显得有点吃力，但沿着元宇宙提供的想象空间为游戏产业的升级，为互联网的进化寻找现实的出口是必要而有意义的！向着打造数字产业链、发展数字经济的核心目标出发，元宇宙离我们可能也就不再那么遥远了。

第三讲
进化突围：为什么2021年是元宇宙元年

上一讲我们讲到关于元宇宙的五重认知，讲到了从现实出发到建设元宇宙可能存在的入口。为什么元宇宙会吸引大家纷纷加入呢？我认为的核心理由主要有三点：现实补偿的需求、互联网进化的需求和技术协同的需求。本节我们就展开来讲一讲这三种需求以及背后的底层逻辑。

第一个是现实补偿的需求。什么是现实补偿呢？简单地说就是在现实生活中缺失的，都想在虚拟社会中努力找回来。

这一点不难理解，从古代的神话到东西方文明，从音乐到绘画再到文学，每一种艺术的创作，都是人类想象力的一次具象化。这跟元宇宙希望发挥的功能几乎是一样的，但区别于所有艺术创作，元宇宙最大的不同就在于它提供了一个前所未有的功能强大的技术平台。这个平台不仅可以让现实世界复现，还可以让大量的人群迁移进来，形成激励甚至经历完全不同的人生。

讲一个例子。你大概也听说过，或者玩过《第二人生》这个游戏吧。它是针对成年人的一款人生模拟游戏，我把它称为“成人版 Roblox”。你想过这个游戏为什么叫《第二人生》吗？那是因为你的人生只有一次，不管如何改变你的想法，改变你的命运，主动的还是被动的，你的人生只能是唯一的。

那么，《第二人生》就是为你提供的一种补偿方案，你可以在游戏里面同时体验另外一种人生。而元宇宙，则是基于新的技术体系，为你提供内容更加丰富、体验更加逼真、感受更加深刻的补偿方案，当然也会出现《第三人生》《第四人生》，只要你的兴趣足够广泛。

简单来说，现实补偿论说的就是从心理学层面去解读人类对元宇宙的需求。但请你注意，这个需求是源自现实世界的人的内心，现实世界的人是元宇宙的一切活动的起点。

第二个是互联网进化的需求。这就进入一个相对硬核的领域了。科技圈有一种说法：“人类科技的进步始终围绕两个核心点进行，一个是可利用能源形式的创新，另外一个就是信息传播方式的创新。”这个总结非常经典。

我们都知道，人类社会在经历了漫长的农耕时代进入近代以来，大概经历了四次大的产业周期的迭代，分别对应蒸汽机、电和电磁、石油的使用以及信息时代的来临。这不正好就是从能量形式的转变到信息传播方式的转变吗？

不论是文字还是电报电话，抑或是电视机甚至互联网的发明，都是以底层技术面对信息传递方式进行的一次升级和拓展，都对人类的经济、社会发展产生过巨大的推动作用。

那么，这一次元宇宙会为我们带来什么新意呢？

我们把目光收缩一下，聚焦在从互联网诞生到现在的这几十年间。我们看到早期互联网主要实现了图片和文字的数字化，是一种以展示信息为主要功能、单向的互联网。而移动互联网则实现了人的数据化，你只要有了手机，你个人的主要信息就可以被记录、被传播和被使用。你的衣食住行等方面都可以记录下来，变成信息被再次利用。相对于单纯的图片和文字来说，这是一种信息维度上的极大丰富。

而元宇宙相对于移动互联网又是一次数据维度的提升，

我们在第一讲里面讲到过，“平行世界”是元宇宙的特性之一。在移动互联网，你的行为都已经被互联网知道了，但是实际上你所处的环境互联网还不知道。元宇宙就是要把人和环境的整体信息都实现数据化。

就像特斯拉做的那样，每辆汽车在行驶过程中的每个动作，都被记录在数字模型上面。记录下来做什么呢？记录下来训练自动驾驶模型，特斯拉可以将最新训练的模型向用户进行多次销售。

总之，元宇宙要建立的“平行世界”，首先就要建立现实世界的数字模型，不是针对某一个人的，而是针对所有人和全人类生存环境的数字化，是一个整体性的场景再造。所以说从数据升维的角度来看，元宇宙的发展是符合互联网的进化逻辑的，它满足了互联网进化的需求。

第三个是技术协同的需求。可以说，单项的数据技术，不管是硬件还是软件，目前它的持续增长都遇到了瓶颈。单靠现有的这些业务模式，在碎片化发展的情况下，如果不进行多个场景、多个业态的打通，每个细分场景、每个细分产业都遇到了瓶颈，都开始了内卷，都开始互相内部折腾，没有新的增量了。

比如，Facebook早在数年之前就收购了Oculous，但是Oculous其实一直还在亏损；2017年，阿里、腾讯、华为、小米，甚至苏宁都进入VR行业，但是内容缺乏、互动缺乏以及视觉变化带来的不适感，成为行业走向大规模应用的主要障碍，迄今为止一直没有形成较为成熟的商业模式。

这种情况下，元宇宙能带来什么呢？如果你是做VR的，你不仅可以开发游戏，还可以通过元宇宙向商务和生产环节去扩展。如果你是搞游戏的，假设现在人们平均在游戏上花的时间是3小时，人的精力有限，你不可能再把这个时间提升到20小时，毕竟每个人还是要吃饭睡觉的。这个时候你就不能只搞游戏了，要往人全方位的生产和生活领域覆盖。这时就需要多个领域的交叉融合，打通互联网相关产业的瓶颈，这是最直接的，也是最强烈的一种需求。这时就需要元宇宙，这也是2021年会成为元宇宙元年的直接原因，因为互联网的发展已经到了这样一个阶段。

在这三种需求的支撑下，现有的所有与信息技术相关的软件和硬件产业，都可以在元宇宙的体系下找到自己的位置，虽然元宇宙没有提供新的技术解决方案，但元宇宙为一系列数字技术提供了一个整体的、清晰的坐标系统。这就是元宇宙对于整个信息产业最大的价值。

总体来说，基于全新的技术架构，元宇宙将在人类的心理层面、互联网进化的层面以及技术协同层面提供解决方案，带着这些初心，不管元宇宙旅途多么遥远，你都不会迷失方向。

第四讲
四重架构：元宇宙需要什么样的“肉体躯干”

元宇宙的诞生不仅满足了人类“现实补偿”的心理需求，同时适应了互联网进化和各项信息技术融合发展的需求。在数字技术的支撑下，元宇宙为人类的梦想描绘上了最生动、最精细的一笔，同时还赋予数字世界反馈现实世界的能力。可以说，元宇宙是迄今为止人类在构建虚拟世界进程中提出的最为具体，也是最为宏伟的一个目标。那么一个非常现实的问题就是：这个目标可能实现吗？

答案当然是能！因为我们已经看到了信息技术的各个分支为支撑元宇宙建设所展现出来的各种潜能。作为互联网分析师，在接下来的两节内容中，我们将分别从“硬件”和“软件”两个角度和你一起探索元宇宙的构建路径。我们先从“硬件”开始。

为了便于你对元宇宙的“硬件”部分有一个清晰的认识，我们得先从互联网的基础架构说起。

从互联网的基础架构开始

实际上，互联网为了实现在不同节点间传递信息的目的，采用了一种叫 TCP/IP 协议的架构，具体说就是，它通过物理层、链接层、网络层、传输层和应用层的功能组合，实现任意节点间的信息传递。这个可能不太好理解，我来打个比方：

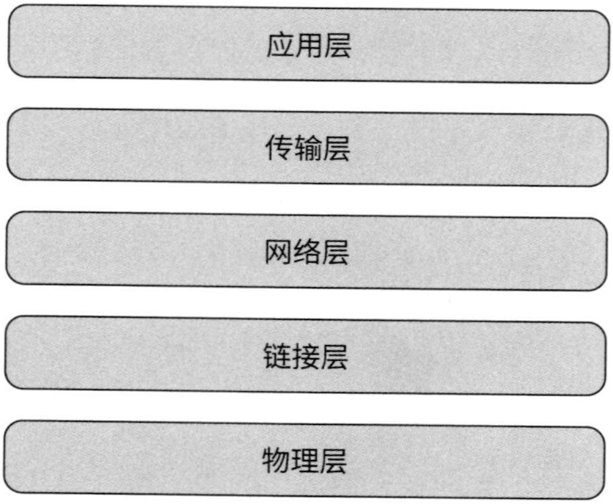

图1：互联网的 TCP/IP 协议架构

假设在冬奥会期间，你准备从北京出发去张家口的比赛现场观看比赛，物理层负责铺路架桥，链接层负责载客拉货，网络层和传输层就像是公路铁路两级联运的信号系统，比如你坐高铁从北京到了张家口，下了高铁之后，你还得换乘出租车或地铁来到场馆，网络层和传输层就像铁路和公路系统一样既分工协作，又各管一段，应用层就是你在冬奥场馆看到的各种精彩的比赛了。

讲到这里你应该明白了，互联网实际上是搭建起了数字世界的基本架构，那么，元宇宙作为互联网的升级版，要想实现我们在前面总结的“平行世界”“独立身份”和“利益打通”的功能，现有的架构肯定是不够的，它需要在互联网的基础架构之上继续叠加，还需要增加交互层、数据层、协议层和治理层四个层次。

为什么要增加这四个层次呢？我将带你通过了解它们的具体功能和场景去寻找答案。

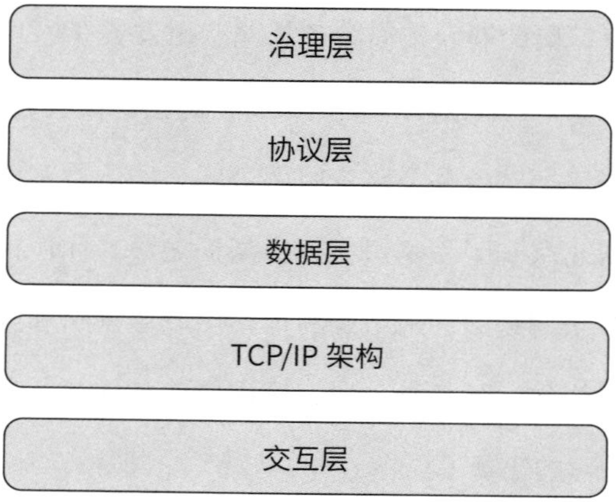

图2：元宇宙的基础架构

元宇宙的“四重架构”

首先说说交互层。交互层的主要功能是数据的采集和传输。既然元宇宙要在互联网的基础上“数据升维”，数据采集的渠道和方式首先要丰富起来。

比如，你要想获得沉浸感，就要通过 VR 技术和可穿戴设备去捕捉人的肢体动作和表情；要想建立工厂、学校、社区、城市的数字孪生体，就要通过物联网设备的大量接入，去获得现实世界各类物体的实时数据；要想在虚实世界之间进行高速、低延时的数据传输，就需要在数据获取之后进行加密、解压缩，或者通过边缘计算进行简单处理。还有视觉追踪、脑机接口等一系列的新兴技术提供更多种类的人机交互方式，这些都属于交互层。这时候，你是不是已经觉得交互层必不可少了？

在交互层之后的是数据层。我们现在所处的web2.0时代，数据具备了“存储即拥有”的特性，互联网巨头凭借对用户数据的占有，实现了对互联网服务的垄断。比如你想购物，首先会想到淘宝、京东、拼多多；你想点外卖，会想到美团……同样的，在元宇宙中，数据是一切经济活动的基本要素，为了建立更加开放的、能够对用户具有充分激励效果的经济体系，首先就要建立全新的数据使用规则。不仅如此，还要结合数据产生、存储、传输和使用的流程建立新的规则，并且配套全新的数据检索、使用授权、隐私计算等协议来实现这些功能。这些流程和协议就需要集成在一个独立的数据层，为各类应用提供通用型服务。

数据层在元宇宙的作用，就像100多年之前爱迪生发明了电灯之后，却发现如果没有一个可以为千家万户输送电力的网络的话，每户人家想要使用电灯就要自备发电机，这样使用电灯的成本无疑是极其昂贵的，而直到特斯拉发明交流电照明系统才解决了这个问题。元宇宙的数据层就是电气时代的电网系统。

了解了交互层和数据层，我们再来看第三层：协议层。简单来说，协议层的作用就是，支撑元宇宙运行的一些基础性的功能，我们以 AIGC 为例说明。

web2.0时代，微博、小红书、抖音、快手等兴起，让 UGC 可以看到，也就是用户创作成了内容创造的主流，抖音没有录制一段视频，但在抖音平台有各种视频，这就是 UGC 的功能。那么在元宇宙如何进行创作呢？一种方式就是基于人工智能的各种创作，就是 AIGC。

举个生活中最接近的例子，就是基于 AI 技术的智能客服。比如，你打电话向银行、保险公司或者医院咨询的时候，最开始和你沟通的往往都是智能客服。而在元宇宙里面，不仅有智能客服，用户也会有自己的虚拟化身，就是业内常说的 Avatar，也有人直接叫它“阿凡达”。

人和人之间的交流完全可以变成 Avatar 之间的对话。比如，在美剧《上载人生》中，就经常出现女主坐在电脑前面，欣赏自己的化身和男主对话的情景。在这种场景下，Avatar 的语言、表情就都需要通过各种功能性引擎来实现，这类功能就是 AIGC。

AIGC 代表了元宇宙中一种全新的创作方式，但它并不是唯一的方式，比如说 UGC 仍然会大量存在，不过此时的 UGC 的创造已经不仅仅是文字、视频，或者是内容方面的创造，而是体现在方方面面、多个领域。比如虚拟人物形象的创造、游戏的创造、各种功能性软件的开发等，都可以通过 UGC 的形式生成。

讲到这里，我猜你已经意识到了一个问题，那就是在专业技术领域的 UGC，有很高的门槛，并不是大多数人可以参与的。此时，低代码或无代码开发平台的作用就非常明显了。这里的低代码平台就是把适应于通用场景的基本功能进行代码集成，不同的团队在使用这些功能时，只要通过一些简单的开发就可以完成软件的开发。而无代码平台就更简单了，开发人员基本上通过图标拖、拉、拽就可以完成软件开发了。在我看来这极可能是未来一个创业和就业的机会。

最后，我们来讲一讲第四层，也是和我们每个人关系最为紧密的一层，那就是治理层。实际上，治理层主要体现在对参与各方的激励上，就像区块链中各个节点之间协调和共识的机制一样，也就是关于节点的参与资格、数据验证方式、数据确认方式、参与方的权利等一整套的内容。

我们来总结一下。还是以出行的例子来形容元宇宙的四层架构：在启程之前，我们通过查找各种资料做出详细的“冬奥会观赛攻略”；到了冬奥场馆之后，为了更好地欣赏比赛，我们没有直奔赛场看完比赛就返程回家，而是先在当地找了一家滑雪度假村，然后购置了各种滑雪装备，在看完比赛之后，又亲自体验了一把在冬奥标准的雪道上滑雪的感觉；你对这次旅行非常满意，在社交平台分享了你的感受并为度假村打了满分五分。

在这里，出行之前做攻略就是交互层，到达之后入住的度假村就是数据层，购买装备就是协议层，而亲自体验滑雪、分享感受并点赞就是激励层，也就是第四层治理层。

基于以上的分析，相信你对元宇宙的基础架构已经有了一个基本的认知。那么，元宇宙如何才能实现这些强大的功能呢？下一讲，我们一起从基础技术的维度去寻找答案吧。

第五讲
七大技术：如何为元宇宙开展“新基建”

上节我们讲到元宇宙要想实现升级版的互联网，就需要在互联网的架构上增加交互层、数据层、协议层和治理层，四层架构为元宇宙新基建提供了清晰的“施工蓝图”，那么这一讲，我就带你看看参加元宇宙新基建的“主力队员”都有哪些？它们是不是已经为自己的新任务做好了准备呢？

第一，区块链

区块链是价值互联网的基础设施。什么是价值互联网？我们知道，互联网的主要功能是传播数据，而价值互联网不仅能传播数据，还能通过内嵌的规则使数据具备稀缺性。我们知道数据的基本特点是复制成本近似于零，这就意味着我们不能直接用数据去反映现实世界的物理商品。比如在物理世界，一个苹果你吃了，我就不能吃，但是当苹果被抽象成数据之后，比如变成图片之后，你能拥有，我同时也可以拥有。这一点就是数据和物理商品的最大的区别，没有稀缺性同时也限制了数据的使用范围。

那怎么能让数据产生稀缺性呢？传统的做法是通过中心化的机构人为设定数据的稀缺性，比如只有银行才拥有在银行账本记账的权利，这样才能将数据和价值对应起来。这种方法的不足之处在于为中心化的机构提供了制造各种“阴谋”和“阳谋”的机会，最典型的“阳谋”就是通货膨胀。为了约束这些中心化机构，需要制定各种法律和惩罚措施，但实际效果主要就看法律执行的程度了。

但是，区块链不依靠法律而是依靠代码，提供了另外一种解决方案，这个方案的主要成本是计算冗余和通信冗余。一本账很多人同时来记，对算力是一种浪费，但主要优势是不仅提供了一套规则，同时也提供了规则实施的具体手段。每一个时期之内，数据的稀缺性都会以公共账本的形式进行确认，账本一旦确认之后，数据的稀缺性也就确定下来了。这就是区块链的方式，也就是区块链的价值。

通过以上的分析不难看出，区块链是元宇宙从纯粹的数字空间走进物理世界的关键技术。

第二，物联网

物联网的主要功能是把各种物体产生的数据记录、存储下来并传送出去，还包括物联网设备根据接收到的各种数据指令进行的各种操作。概括起来讲，就是“物物相息”，就是让没有生命的物体具备和人一样进行信息交互的能力。

听起来，是不是有点像互联网？没错！物联网就是将数据来源从人扩大到物的互联网，就是将人和物统一连接在一起的互联网。

物联网的出现不仅使数据规模大幅增长，同时还使数据的类型更加丰富，比如关于物体的位置、动作、温度、湿度、空气质量甚至触觉和气味等各种信息都可以通过物联网获得。来自物联网的数据是元宇宙构建“平行世界”的必需品。

第三，人工智能

人工智能的主要特点是提升数据的使用价值。不管是互联网还是物联网，仅仅把各种数据简单汇集并不能直接产生价值，而是需要通过技术的手段对原始数据进行筛选、取舍和提炼才能为你我所用，人工智能干的就是这件事。比如 AIGC 就是基于人工智能进行的内容创作。

人工智能虽然可以脱离人的直接参与而提供一些服务，但实际上，人工智能的实施离不开算法的设计。人工智能实际上就是在各种不同的场景下执行各种功能的算法。所以说，人工智能的背后实际上还是人的劳动，人工智能只是一种新形式的工具。就像人发明了汽车就不用再仅仅依靠自己的双腿走路一样，但是汽车还是需要人来驾驶。

到目前为止，还没有出现具备完全独立意识的人工智能，就是说人工智能还不能自己创造人工智能。但即使是这样，人工智能也可以在很多场景下替代人的劳动，特别是在虚拟空间，大部分生产要素都以数据的形式存在，并为人工智能发挥作用提供了便利。

第四，数字孪生

数字孪生技术就是虚拟世界的空间建模技术，就是在虚拟世界为现实世界的各种物体，比如为建筑、机器、城市等建立几乎完全一样的数字模型，同时运用物联网技术在数字模型上实时展示这些物体的实际运行状态。数字孪生技术最早由美国国防部采用，主要用于航空航天飞行器的维护和保养，目前已经走向民用，在建筑业、制造业以及智慧城市等领域开始应用。数字孪生是一项非常具有前景的技术，2016—2019年，连续四年入选盖特纳“十大战略科技发展趋势”。数字孪生高度契合元宇宙建设需求，基于数字孪生技术可以在元宇宙大量复现现实世界的各种研发、生产和商务场景。

第五，人机交互

人机交互指的是人类大脑中的神经信息和数字信息之间相互转换的技术。最原始的人机交互就是鼠标和键盘，需要你先把大脑的神经信息转化成文字，再通过输入电脑转化成数字信息。这种方式显然有点原始，因为从想法到文字实际上还有一段很长的距离。

VR 提供了一种全新的人机交互的方式。我来举个例子，电影《头号玩家》的男主角穿上一种特殊设备之后，他在虚拟世界的化身就会完全按照他在现实世界的动作活动，这些设备就叫“可穿戴设备”，这种技术就叫“体感捕获技术”。实际上，VR 提供了一种基于空间定位和计算机进行交互的形式。计算机通过各种设备直接将你的动作转化成数据，然后在虚拟世界再将这些数据以动画的形式呈现出来。

而脑机接口在人机交互的路上走得更远。脑机接口可以直接读取大脑神经发出的信息，并转化成计算机可以执行的指令，就像《黑客帝国》的剧情一样，获取知识不用再死记硬背，几根电极植入大脑之后就可以直接让你变得无所不知，听起来是不是有点离谱？但世界首富马斯克非常看好这个方向，并在近期宣布他们最快在今年能够推出可以应用的脑机接口产品。总之，人机交互方式的丰富是创造虚实共生世界的重要前提。

第六，游戏引擎和工业引擎

游戏引擎指的是游戏开发中经常用到的，具有一定通用性的功能模块。比如渲染引擎可以基于平面图形产生类似3D的效果，游戏开发人员在设计角色或者制作剧情的时候，只要画出框架，渲染引擎就可以帮你实现类似于现实世界的真实效果。有了游戏引擎，开发人员就不需要再去重复开发一些常用功能了。就像你在家里吃火锅，可以自己动手调制涮料，也可以直接买成品涮料，也许购买的口味更好。这就是游戏引擎的作用。

游戏引擎可以根据具体功能分成不同的引擎。比如：动画引擎可以让数字形状动起来；物理引擎可以让数字形状按照物理规律活动，让人物形象一跳而起而不是一跳而飞，自由落体而不是自由升空，遇到不平的路面是上下颠簸而不是如履平地；等等。

工业引擎也是针对特定功能设计的模块组件，和游戏引擎的主要区别在于它是针对工业相关场景比如工业设计、智能制造等。

第七，智能网络

智能网络是元宇宙的物理构成部分，主要为元宇宙提供通信、算力等功能。比如具有近距离简单计算功能的边缘计算技术，优化网络效能的智能网络技术，等等。

基于以上技术，元宇宙基础架构所需的主要功能基本具备，开展元宇宙新基建的“主力队员”已经完成集结，但它们的任务显然并不轻松。

第六讲
灵魂拷问：什么是元宇宙该有的精神气质

七大技术、四重架构共同组成了元宇宙的“肉体躯干”，但仅仅凭借“肉体躯干”还不能建成元宇宙。对一个极具创新性的物种来说，元宇宙还必须具备一种异于现有互联网的“精神气质”！

什么是元宇宙最独特的精神气质呢？在我看来，就是去中心化。为什么这么说呢？我们先从互联网的开始说起。

互联网还未长大就已老去

在我看来，决定互联网的“精神气质”的关键因素有两个：一是谁在主导现在的互联网，再一个就是主导互联网的这些力量有什么核心诉求。

毫无疑问，互联网公司主导了目前的互联网，因为目前互联网提供的主要服务都由互联网公司提供。不管是电子商务、社交传媒，还是搜索引擎和O2O，不管是免费的，还是收费的业务，提供服务的主体都是互联网公司。

移动互联网把我们在现实生活中的一举一动、所思所想都记录下来，并为我们每一个人在网络世界创造了一个“数字人”。但这个“数字人”的全部信息都存储在互联网公司的服务器上，以至于我们每个人对于互联网公司来说都是透明的，一览无遗。互联网公司根据我们的“喜好”推送广告、推荐商品，我们按照被推送的内容付费。

互联网已经成为近几十年来驱动世界经济增长的主要动力。但互联网产生的巨大红利绝大多数都被互联网巨头所获取，互联网巨头把开放、平等、共享的网络空间变成了封闭的、垄断的和暴利的私人空间。

这就是互联网的“精神气质”，就像一个巨婴，虽未长大，但已经老去！

在全球范围内，从美国到欧洲再到中国都在反思，我们应该如何去兼顾互联网的公共属性和盈利属性？如何将互联网红利进行更加合理的分配？如何才能重新赋予互联网应该有的精神气质？

事实上，各国政府已经行动起来，欧盟早在2018年就通过了《通用数据保护条例》，我们国家则在2021年通过了《中华人民共和国数据安全法》，这些法律的出台很显然都是为了限制和规范互联网巨头的经营活动。主要方式就是建立数据的确权、保护和分享的新机制，用这些新机制去重新塑造网络空间。

但这些还远远不够，互联网需要从技术架构上去改变，需要通过技术逻辑的再造去改变其“精神气质”。这就是web3.0要干的事！就是要把目前的互联网打开，在技术架构的层面就让互联网实现一种开放性。一种让数据从存储到使用、从计算到应用都脱离技术垄断的开放性，让互联网从“硬件”到“软件”实现脱胎换骨。

web3.0从技术的角度重塑互联网的精神气质

web3.0是什么？web3.0就是互联网服务功能的协议化，这种协议化，体现的是一种开放的、去中心化的精神，但同时可以以更低的门槛，提供更强大的服务。

举个例子，支付宝的诞生对于电商的兴起发挥了重要的作用，可以说，没有支付宝就没有淘宝！为什么这么说呢？因为支付宝通过“担保交易”的方式为买卖双方提供了信用中介。买家不用担心支付之后货发不出来，卖家也不用担心发货之后收不到款，支付宝通过担任中介，解决了交易双方互不信任的问题，这个就是web2.0的典型模式。

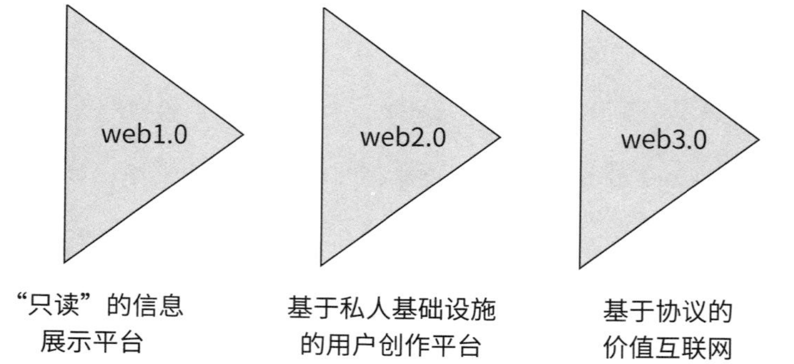

图3：互联网的进化

在web3.0的模式下，交易双方互不信任的问题依然存在。如果我们还通过支付宝进行“担保”交易，支付宝就一定会把我们每个人的数据记录下来，然后再通过“白条”盈利，那么这个问题怎么解决？ web3.0的方案中，我们可以通过一个协议代替支付宝，代替所有的第三方机构来发挥“中介”的作用，去支持互不信任的双方进行安全的交易，这种协议就叫 HTLC（Hashed Time Lock Contract），中文翻译为哈希时间锁定协议。

协议和公司之间最大的区别就是协议是没有经济立场的。它不是一个经济主体，它是开放的，所有人都能去使用它，有了它，第三方机构就不需要了。开放式的协议代替第三方机构发挥中介的作用，是 web3.0的一个重要特征。

web3.0从技术的角度重塑互联网“精神气质”。web3.0的核心目标就是让互联网走出由互联网巨头打造的，不管多么宏大但都一定是封闭的、设限的虚拟空间，让互联网重获开放性！ web3.0的核心就是去中心化。

“去中心化”使元宇宙获得核心能力

回到我们今天讨论的主题，“去中心化”作为元宇宙的“精神气质”至少可以使其在以下三个方面获得核心能力。

一是充分的安全性。

正如我们在第一讲中讲到的“独立身份”一样，中心化的身份证明不是证明，只是介绍信。在中心化的世界里，你自己其实也无法证明“你就是你”；基于中心化机构建立的身份认证系统，一是无法实现“一个身份，多个场景使用”，同时也不可避免地扩大了数据泄露的风险。

基于去中心化网络建立的独立身份，既可以实现“身份”的为我所控，也可以在不同的场景下反复使用。基于特定的系统还可以实现数据的自我掌控，你可以携带个人数据登录不同的应用，从而为数据实现更大的价值提供便利。

二是丰富的供给能力。

在现有互联网的环境下，用户和厂商的关系是非常清晰的，也是不可逾越的，是生产者和消费者之间一种完全对立的关系。尽管互联网巨头富可敌国，但是单独凭借任何一家公司的力量都无法独立完成元宇宙的构建。因为元宇宙涉及的领域太多了，覆盖的产业链也太复杂了，建设元宇宙需要各种力量的协同和配合。

这方面，转变用户的角色定位，通过发展UGC和平台模式可以极大地提高供给。被誉为“元宇宙第一股”的游戏公司Roblox通过为游戏开发者提供游戏开发平台，全部开发者一年之内在Roblox上开发游戏的数量超过了其他所有游戏公司开发的游戏数量的总和。不管互联网公司的开发团队有多么强大，一个团队的力量去和一个生态全部的开发者比较，劣势还是非常明显的。

三是必要的经济激励系统。

元宇宙作为虚实相生的新型社会形态，绝不仅仅是一个新的信息传播渠道，而一定要具备价值互联网的基本功能。中心化的经济系统无法满足生态打通的需求，也无法发挥虚拟世界经济激励的功能。区块链作为价值互联网的基础设施，不仅可以为虚拟世界搭建通用型的经济激励系统，同时也可以和中心化组织结合起来，为虚实世界利益打通创造条件。

虽然我们在这里反复论证“去中心化”是元宇宙应有的“精神气质”，但是我们并不否认互联网巨头在建设元宇宙过程中可以发挥重要的作用。互联网巨头的远见、资源和技术实力都是建设元宇宙所必需的宝贵财富。但不论是互联网巨头还是创业型企业，又或者是普通的开发者，在技术架构的选择上，都需要认真考虑“去中心化”这一因素。

在这一讲里，我们论证了元宇宙为什么应该以“去中心化”为其核心“精神气质”。“去中心化”至少可以为元宇宙在网络安全性、供给能力以及建立经济系统方面创造显著优势。

建设元宇宙是一项极其复杂、庞大的系统性工程，没有哪家具体的机构可以凭借一己之力独立完成如此规模的一个生态建设，基于“去中心化”的“精神气质”，可以更加方便地把元宇宙的各层架构、各类系统、各种功能进行衔接、组合和贯通，可以把各项技术功能、各类参与主体聚合起来，产生1+1>2的效果。

在对元宇宙基本概念进行深度拆解之后，下一讲，我将带你进入一个新的篇章，看看元宇宙这个奇幻世界都有哪些新鲜事物。

第二章
元宇宙“产业地图”

第一讲
加密钱包：迈进元宇宙的“魔法门”

上一章内容，我们经历了从核心概念、突破方向、初心诉求到“硬件架构”和“精神气质”等六次充电之后，已经来到元宇宙奇幻花园的大门口。你一定对大门后面有哪些新鲜玩意充满好奇，但是别着急，我们还得做好最后也是最不可缺失的一项功课——找到迈进元宇宙的魔法门。这个魔法门在哪里呢？它就在加密钱包里。

这个钱包既不是装在你裤兜里的钱包，也不是装在你手机上的支付宝或者银行 APP，这个钱包是能读取区块链数据的加密钱包，从技术的角度来说，我们也可以把它称为去中心化钱包。

为什么叫去中心化钱包呢？因为你不需要把资产存到这

个钱包里，而是通过这个钱包读取区块链账户里的数据。如果把中心化钱包比作一个仓库的话，你相当于把你的资产交给仓库，还要委托专人去看管。去中心化钱包不是仓库，而是一个数据浏览器，它不保存任何资产，但是可以帮你读取账户数据。

那么，去中心化钱包对于去中心化世界为什么这么重要呢？因为去中心化钱包不仅可以在去中心化的网络中发挥支付宝的作用，而且还可以完成很多支付宝不能胜任的工作。接下来，我们就来看看去中心化钱包都有哪些功能。

去中心化钱包，一个更安全的资产管理工具

为什么说去中心化钱包更安全呢？因为在去中心化钱包里不可能发生资产丢失、被盗的事情。

为什么去中心化钱包里不可能发生资产丢失或被盗的事情呢？因为去中心化钱包里根本就没有资产，它只是一个保存和管理私钥的工具。

是不是有点晕了？我来举个例子帮你理解。假设你通过加密钱包看到你有一个比特币，但这个比特币其实并不在这

个钱包里，而是存在比特币区块链的数据库里。去中心化钱包的作用只是帮你读取了比特币链上的数据，如果你再换另一个去中心化钱包你还能看到你的这个比特币。

咱们再举个银行APP的例子对比一下，你就可以感受到去中心化钱包的特点了。比如，你通过工商银行的APP看到你的账户余额是1万元，通过招商银行的APP看到你的余额也是1万元，那么你总共有几万元？你总共有2万元。但是你通过A钱包看到你有1个比特币，你通过B钱包在这个账户也能看到你的这个比特币，那么你总共有几个比特币？你只有1个比特币。

去中心化钱包的作用就是在电脑或者手机上保管你的私钥，你可以通过它查看链上的数据，但是你不需要把私钥展示给任何人。

我们凭什么相信去中心化钱包能够做到这一点呢？因为去中心化钱包往往是代码开源的，它的代码都被公开在所有人都可以看到的代码仓库比如GitHub上面，虽然你不一定能看懂代码，但是在全世界范围内一定有很多人具备这个经验，如果他们发现钱包代码存在一些bug的话，一定会把这件事公布于众。这就是社区的力量帮你做了验证。

去中心化钱包，在用户和 Dapp 之间架起一座桥梁

Dapp 就是去中心化应用。去中心化钱包实际上是你和各种去中心化应用交互的一个工具，而且是一个不可或缺的工具，但是目前主流的浏览器包括谷歌、火狐等都不支持这个功能。去中心化应用可以干很多事情，不仅包括简单转账，还包括各种各样的链上操作。比如你可以 Mint（区块链的一个术语，意为“铸造”）你自己设计的 NFT 作品，也可以进行社区投票，还可以使用各种去中心化金融服务等。

去中心化钱包可以是一个独立的应用，也可以和常用的浏览器进行集成。比如被昵称为“小狐狸”的钱包插件 Metamask 就可以集成在谷歌或者火狐浏览器里，用户安装这个插件之后就可以通过惯常使用的浏览器直接进行链上操作。比如你想要玩一款区块链上的游戏，你只要打开安装好 Metamask 插件的浏览器就可以开始了。Metamask 提供这些服务都是免费的，但通过 Metamask 进行资产兑换需要收取手续费，这一项收费每年就可以为 Metamask 带来数亿美元的收入。

去中心化钱包——“独立身份”的技术载体

你一定还记得，元宇宙的三个关键词“平行世界”“独立身份”和“利益打通”。“独立身份”的使用需要一个技术载体，这个载体就是去中心化钱包。

为了更好地理解这一点，我们先来梳理一下互联网的背景知识。web3.0是互联网进化的一个重要方向，也是体现去中心化思想的一种新型架构，它的主要特点是互联网服务从产品向协议的转变。这里的关键词是协议化，而协议化实际上意味着一种开放性和可组合性。

什么意思呢？就是说互联网上部署的各种协议虽然在功能上有很大区别，但在架构上是开放的，这就使得各种协议可以通过架构上的叠加，实现功能上的组合。这就要求有一种工具可以把同一个账户在不同协议中的各种状态反映出来，也就是把“账户的身份特征”反映出来，去中心化钱包就具备这个功能。

去中心化钱包不仅可以显示你在各条链上的各种资产，还可以显示你拥有的各种NFT，比如头像、宠物、房产或者土地等。

假如你属于某个俱乐部或者DAO组织的会员，比如最近非常出名的无聊猿猴游艇俱乐部，而这个俱乐部的会员每个人都有一枚专属的NFT徽章，去中心化钱包就可以在你的账户上把这种徽章显示出来。

你当然还可以购买一个你喜欢的域名，比如bighappy.eth，去中心化钱包就可以直接用这个域名把那串长长的字符替换掉，使你的账户更加容易辨识。然后，印着你的个性化域名的Avatar，也就是数字化身，会出现在华为或者耐克在虚拟世界搭建的各种虚拟场景里，也可以出现在林俊杰或者虚拟偶像的演唱会上，想起来是不是挺有意思的一件事情。如果你喜欢动手操作的话，你可以感受一下上面这段操作。

这就是去中心化钱包的核心功能，它是你我每个人在虚拟世界使用“独立身份”的技术载体，也正是基于这一点，去中心化钱包成为现实世界的人类和元宇宙进行交互的“魔法门”。

去中心化钱包尚需持续迭代

当然，当前状态下的去中心化钱包在功能上也存在很多不足，还需要持续的创新和迭代以降低比较高的使用门槛，对于新接触的用户来说，需要适应它“主网、账户和Gas费（以太坊首创的一个概念，用于测量在以太坊区块链上执行特定操作所需的成本）”的使用模式。

除此之外，去中心化钱包虽然不保存资产，但是保存私钥的文件一旦遭到破坏就意味着资产的流失，因为你没法通过别人的帮助来找回私钥。最近，有研究项目正在探讨将人脸识别和私钥进行匹配，并通过隐私计算进行验证的方式改进去中心化钱包的使用方式，如果这种技术研发成功的话，用户使用门槛就会大大降低。

从去中心化钱包的应用情况上，你应该也能看出，建设元宇宙的各种组件其实都已经出现了一些雏形，但是距离大规模应用都还有一段距离。从用户使用的角度来看，还需要一定的教育成本，但是从需求的角度来看已经是比较确定的事情了，听到这里，你是不是也get（网络流行语，意思是指领悟、明白、理解）到了一些闪光的亮点呢？

第二讲
虚拟偶像：率先出圈的千亿风口

经过前面的讲解，我们已经来到了元宇宙奇幻花园的大门口，在找到了可以迈进元宇宙的魔法门之后，我就能和你一起来看看元宇宙奇幻花园里面有哪些潮玩意儿和新物种了。

身价千亿的“世界第一公主殿下”

首先，咱们来看一个真实案例——

2018年11月4日，日本东京一名35岁的男子正式宣布结婚。如果你来到他婚礼现场的话，你一定会大吃一惊，因为他的新娘居然是一个玩偶！

其实，这个梳着两条绿油油大辫子的岛国姑娘还真不只是一个玩偶，而是一个有名有姓、身材完美、能歌善舞且身价千亿的实力偶像！

她是谁？她就是初音未来！也有人叫她MIKU，或是“葱娘”，还有人称她为“世界第一公主殿下”！我们走进元宇宙奇幻花园的第一站就从初音说起，让我们一起通过初音身上的标签来认识一下她吧。

· 初音未来

· 身价千亿的“世界第一公主殿下”

· 永远16岁，生日8月31日，身高158厘米，体重42千克

· 能歌善舞，形象多变，永远零绯闻

· 代言数百个品牌，在全球75个国家和地区运营，世界巡演俘获6亿粉丝

如果你想更加了解初音的话，你在B站（国内知名的视频弹幕网站哔哩哔哩的简称）上随便一搜就能看到很多关于她在世界各地演唱会的视频，巴黎、纽约、东京、上海……演唱会的门口排着长长的队伍，演唱会上，小姑娘在台上又唱又跳，现场的乐队卖力演奏，台下的观众挥舞着荧光棒，

和初音一起唱、一起跳，画面中满满的投入和陶醉。

一切都和超级巨星的演唱会一模一样，唯一的区别是舞台中央有一块透明的屏幕，初音就在这块屏幕上唱歌跳舞，问候观众。当然，观众、乐队、舞台都是真实的，初音的魅力更是真实的。

“公主殿下”实际上是一款虚拟歌手软件。大概是在2007年的时候，由日本一家公司策划推出，并邀请专门的插画师设计了卡通形象，同时请一位叫藤田的配音演员提供原声制作声库，软件于2007年8月31日上市，一经上市便大受欢迎。

什么叫虚拟歌手软件？虚拟歌手软件就是一个语音合成工具，你只要输入音调，输入歌词，它就能够按照一种声库的声调把这个歌演唱出来。所以，你听到的初音的歌声实际上就是利用藤田的声线加工出来的一种风格，这就是虚拟歌手软件的核心功能。

这个功能看似没什么作用，但其实很重要！你想啊，我们说谁谁的那首歌，往往都是说歌手，说演唱者，比如岳云鹏的《五环之歌》、赵雷的《成都》，很少有人说这是谁作曲、谁填词的那首歌。大家对于一首歌记得最清晰的不是词曲作者，而是歌手，因为是歌手的声音为歌曲赋予了最大的特色。

虚拟歌手软件就是抓住这一点，把自己的功能体现了出来，用数字化的手段把一首歌曲最能吸引人、最能感染人的部分产品化。而且这个功能还对所有的用户开放，让所有的用户都可以使用市场上最受欢迎的声音把歌曲演绎出来，并且还可以通过申请版权赚钱。

我们按照这个逻辑梳理之后，“公主殿下”和所有真人偶像的区别就出来了，“公主殿下”不是只会号召大家买 CD，买演唱会门票，自己盆满钵满，而粉丝却倾家荡产，“公主殿下”是所有粉丝都可以自由使用的娱乐工具，是把每个人的创作能力变现的赚钱工具。当你挤在数万人之中，为“公主殿下”的表演呐喊的时候，也许“公主殿下”的经纪公司正在向你支付她演唱你的歌曲的版税呢！

初音未来为什么能有如此能力？因为“公主殿下”背后是一个价值千亿的产业链。

“公主殿下”背后的产业链

初音的演唱会是“公主殿下”产业链的集大成者，不仅包括创意、制作、技术、场地等，还涉及软件生产商、音乐制作发行商、音乐创作人、形象创作人、全息成像技术提供商，还有与演唱会直接相关的场馆、乐队、周边生产方和转播方等多个环节，可谓环环相扣，缺一不可，相互支撑，相互成就。

初音身上的每一个细节都离不开她背后产业链的支撑。比如为什么初音永远16岁？为什么身高是158厘米？体重是42千克？这些数字代表着什么？又是怎么来的呢？当然是通过数据分析得出来的，通过数据可以了解哪些特征是粉丝群体认为的最美好的元素，然后才能做到用户想要什么，初音就能给什么。

初音是可听、可看、可感、可互动的，还是能给粉丝赚钱的“公主殿下”！初音为什么能做到这个？当然是技术。初音能通过唱歌跳舞吸引数亿观众捧场，离不开3D 建模技术、声库技术、全息成像技术、VR 技术、人工智能技术，虚拟偶像在这些技术的助力下，从二维的“纸片人”发展成三维的智能偶像。

这些就是虚拟偶像在数据产业链内实现的聚合。

除此之外，虚拟偶像还给了粉丝前所未有的主动权——任何一个稍微有点音乐基础的人，都可以利用软件为初音编写出各种风格的歌曲，自娱自乐的同时还能赚钱！

虚拟偶像在数字产业链之外的延伸

“虚拟偶像”只是序曲，每个人都可能会有自己的Avatar！目前，虚拟偶像产业链已经接近成熟。在产业链上游，类似于初音的语音合成软件、虚拟人物模拟软件逐渐普及，包括创意、设计、制作在内的虚拟偶像的制作成本已经开始下降。

产业链中游，专业的虚拟偶像运营商已经出现，虚拟偶像数量大幅增长。“洛天依”不仅上了春晚，还和李佳琦一起出现在天猫全明星直播间，观看数量最高达到630万。肯德基推出了“上校爷爷”，麦当劳推出了“开心姐姐”，屈臣氏推出“屈晨曦”可以针对顾客提供智能咨询服务，中科深智推出的“创梦易自动播”和2000多家淘宝直播间实现合作，可由虚拟主播进行7×24小时连续带货。

虚拟主播和虚拟偶像还都只是序曲，数字产品边际成本不断降低的特点使得我们每个人都可以通过非常低的成本拥有自己的数字分身。即使只是按照移动互联网的用户规模计算，也会有数以十亿计的Avatar出现，这群Avatar的背后可是世界上最活跃、对新鲜事物最敏感的一个群体，他们也会有衣食住行等方面的需求。在虚拟空间通过衣食住行等展示自己的需求，这不就是复制现实经济的一次绝佳机会吗？

不仅是出圈，可能还是垄断

虚拟偶像的出现不仅开启了人类进入虚拟世界的新通道，而且还会对人类的劳动分工产生重要影响。比如“虚拟人”的出现实际上对所有“靠脸吃饭”的人来说都是一种“解脱”。就是说，“好看的脸”这种资源将不再稀缺，因为比你更符合大众审美、永远不会变老、此生都不用休息，也永远不会出现绯闻的替代者出现了，而且还可以大量复制。

如果说，现实世界里的偶像的优势除了美貌还在于有内涵的话，那你就更是想多了。一个人可能会精通两到三门外语，但虚拟偶像背后的 AI 可以同时对外输出几十种语言。也许今后我们都不用再学习外语了，只需要让我们的 Avatar 用他们自己的语言进行交流就可以了。

从这个意义上来说，所有的人从现在开始已经是和人工智能在赛跑了，只不过在屏幕上“靠脸吃饭”的人是比较早被追上的那一拨人。

这一讲的主要内容就是这些，我们在元宇宙奇幻花园中看到了一个个虚拟偶像。这些精灵不仅有颜值，而且还会赚钱，每个精灵的背后都有复杂的数据产业链，这些数字精灵不仅可以走进现实世界，和各种产业进行结合，还会在不经意间抢走人类的“饭碗”，有意思吧？元宇宙奇幻花园中还有很多好玩的东西等着你呢，下一讲我们继续。

第三讲
虚拟商品：从耐克“卖假鞋”分析电商新可能

最近两年，耐克在元宇宙世界里可以说是乘风破浪，先是在 Roblox 上建造了虚拟运动乐园 Nikeland，后在2021年12月14日，耐克更是直接宣布收购“虚拟时尚品”设计公司——RTFKT Studios（以下简称 R 公司），向元宇宙更进一步。

元宇宙来了，耐克开始认真“卖假鞋”

这家成立于2020年的 R 公司是什么来头呢？咱先说说它的身价。2021年6月之前，公司在仅有三名员工时，估值就已经有3000多万美元，并获得了大名鼎鼎的 Andreessen Horowitz

（一家位于美国加利福尼亚州硅谷的著名风险投资公司，安德森霍茨基金）领投的800万美元。

那这家公司到底是干什么的？RTFKT其实只是一家成立刚满一年的创业公司，公司的名称取自英文“人造物”Artifact的拟音，主要业务是设计虚拟运动鞋以及其他数字收藏品。

你可能想象不到，名不见经传的R公司，最初的热度和出圈竟然来源于埃隆·马斯克。

2020年初，一张马斯克出席晚宴的照片开始在网上流传。照片里的他穿了一双以特斯拉Cybertruck为灵感设计的球鞋，但实际上马斯克在现场没有穿这双鞋，是有人帮他P上去的。

这一P不要紧，马斯克却成为第一个“被拥有”虚拟球鞋的人。R公司也因此“出圈”，成功蹭到关注，成为一家以设计和推广“虚拟鞋”为主业的公司。

再来看看RTFKT能把虚拟鞋做成什么样子吧。RTFKT曾经以一只纯白色的Air Jordan 1 OG款球鞋制作了一个同款的NFT球鞋，同时设定了一个规则，即NFT球鞋每被转卖一次就会在NFT球鞋和同款真实球鞋上增加一种色彩，该款作品在经过6次转卖之后被NFT收藏名人收藏了。

在另外一个项目中，RTFKT推出了令其名声大噪的

RTX3080NFT 球鞋，RTX3080是英伟达于2021年9月推出的一款高性能显卡产品，看起来显卡的性能和鞋实在没啥关系，但 RTFKT 在这款球鞋中不仅使用了“RTX3080”字样和其标志性的风扇图案，同时还在鞋面上设计了一个全息屏幕，用户可以为全息屏幕定制图案。

所以，相信聪明的你已经了解到了，R 公司通过与 IT 界、加密社区以及像耐克这样的消费品品牌的一系列跨界合作，使自己设计的数字鞋获得了极大的曝光度。你是不是也觉得 R 公司这一系列操作之中隐隐透着一股耐克的品牌跨界风格？不管怎么样，耐克是坐不住了，于是就有了我们在开篇描述的那一幕，而这个时间距耐克的“老朋友”阿迪达斯宣布成立 AdiVerse“阿迪宇宙”仅两天。

耐克通过对 RTFKT 的收购，不仅迎合了年轻人推崇数字文化的喜好，实现了品牌内涵的拓展，同时也开拓了一个全新的业务领域，为各色虚拟人物穿上耐克亲自打造的“假鞋”。鞋虽然是假的，但收获到的消费者的关注却是真实无疑的，更重要的是，耐克发现了一片对鞋有大量需求的处女地。虽然在虚拟世界里，“鞋”的第一属性不是“穿上就走”，而是“穿上好看”，要知道虚拟世界里每天可是有几亿双“没好好穿鞋”

的脚啊！对于一个专业做鞋的厂商来说，还有什么能比这个会给它带来更大的兴奋呢？

虚拟时装，引领“虚拟制造业”时尚

回到主题，未来在元宇宙中，会存在各种各样的虚拟商品。随着元宇宙中出现的角色越来越多，一场火爆的演唱会观众人数能达到上千万人，同时出现在一块屏幕上的也有几十个人。如果大家都是千篇一律的正装西服，或者运动套装，而且永远是一成不变的装扮出现在大家面前的话，那么这里基本上就没有什么沉浸感可以享受了。

所以，当你每天花在虚拟世界里的时间开始增加的时候，或许你也会收藏几双比较特别的鞋子，或者徽章，又或者什么都不收藏，只是在虚拟世界里会在身上挂一些看上去显得有点与众不同的东西。如果这些东西还能恰好和某些名人或者明星有点什么关系的话，基于区块链的公开账本就可以清清楚楚、明明白白地说明这层关系，那么用户就不仅仅是只有购买的冲动了。

这就是虚拟世界的制造业，商品的生产不再依赖土地，但更加依赖人力和技术要素的投入；商品的物理属性可以忽略不计，更主要通过创意来体现商品的稀缺性。这类市场潜在的用户群体比较大，但市场的需求需要逐渐培养，市场的启动往往从单价较高的奢侈品开始。

我们再讲一个经典的案例——Fabricant。

Fabricant是一家总部位于荷兰阿姆斯特丹的数字时装设计公司，也是世界上第一家没有实体产品只有数字产品的“服装公司”。2019年，在纽约以太坊开发者大会上，Fabricant和区块链科技公司Dapper Labs联合推出了一款数字定制彩虹裙。

这条裙子通过3D设计软件完成，并通过采用一种特殊的图像渲染技术，使得这条裙子具有一种完全无法在现实世界中实现的视觉效果。最终这条裙子以9500美元的价格被拍卖，也因此被称为全球第一款“数字高级定制服装”。

总之，从本质上来说，虚拟世界的所有经济活动都是现实世界各类产业链的一次数字化再造。而元宇宙对现实世界的影响是系统性和整体性的。如果远程办公、远程会议成为现实，那么人们对于服装的需求将会出现分化，现实世界的服装将向着更加实用比如耐磨、舒适以及环保方向发展，而原来体现社交功能的服装将主要出现在线上场景。

不只是线上，也可能是“身上”

但线上场景对虚拟服装的需求和现实世界对物理服装的需求并不是完全割裂的。淘宝直播间的虚拟主播已经可以实现7×24小时直播带货，相对于当下直播只用语言去讲故事的方式，虚拟主播把不同款式的衣服穿在身上显然更有展示效果。这些经过主播展示的同款服装出现在众多的Avatar身上，或者变成物理服装出现在现实世界的大街小巷显然非常合理。

不仅是服装，通过数字孪生技术，大量的物理实体可以通过数字模型的形式出现在虚拟世界。不仅在视觉上形神兼备，还可以通过数字化的形式，对用户全方位地展示动态模式各种场景下的不同情景，让消费者能对商品和服务进行仿真式的体验。甚至在产品研发阶段就可以从功能设计和使用效果上进行评价，进而从整体流程上彻底改造商品的制造过程。

这一切的可能，都是因为数据的赋能，都是因为元宇宙基于数据的场景再造。从本质上来看，虚拟世界的生产就应该是现实世界实体经济产业链的一次数字化再造。

通过已经形成一定规模的“虚拟服装”，我们看到了与虚拟商品相关的用户需求、产品形式、供给情况。虚拟商品对于物理商品市场而言，不仅是一个新的需求，而且可以相互促进，融入现实世界各类实体经济的产业链。

元宇宙是一次实体经济的数字化升级，元宇宙的机会不仅属于只生产“虚拟服装”的设计公司，同时也属于学会利用数字化工具的传统制造厂商。

第四讲
虚拟地产："房地产 + 流量"的新玩法

这一讲的主角是虚拟地产。这里说的虚拟地产指的是存在于虚拟世界的虚拟土地，以及基于虚拟土地搭建的各种自然、人文景观和建筑物，是虚拟人物的活动场景。

听上去像不像游戏场景？是的，虚拟地产从本质上来说是游戏中的一个虚拟场景，而且是一个高度依存于开放型剧情和 UGC 内容创作的沙盒类游戏（沙盒类游戏，又称沙盒游戏，由沙盘游戏演变而来。是一种自由度很高的游戏，通常有建造、射击、动作、生存等各种类型，没有固定剧情，没有任务目标，在游戏里你可以做任何你想做的事情，而不像传统游戏会受到时间或章节的限制。这类游戏的代表作品有《我的世界》《刺客信条》等）场景。在这类游戏中，和用户相关的所有创作、资产、经济利益甚至社交数据都始于这些虚拟土地。

尽管虚拟地产以模拟现实世界地产为出发点，但其作用在不同游戏中差别很大。这一讲，我们重点围绕虚拟地产的玩法和经济运作两点展开讨论。

《我的世界》，无限玩法凸显地产价值

讨论虚拟地产，不得不提的一款游戏是《我的世界》，虽然虚拟土地并非由《我的世界》原创，但正是《我的世界》将虚拟地产的概念在全球扩散并获得极大的认可。

那《我的世界》的主要玩法是什么呢？一句话解释就是：不设边界。在用户首次登录之后，每人会获得一个一立方米的随机生成的地图，玩家可以在多人模式或单人模式中构建各种建筑物或者人物形象，可以通过收集或者交换获得各种资源和技能，还可以在游戏提供的几种模式下探索、冒险或者打怪。

2009年，这个游戏上线，虽然“乐高风格”的画面透着简陋，但赋予用户的创作自由却是史无前例的。

可能正是由于这种简单而又无限可能的玩法，以及为用

户提供的自我创作的自由，《我的世界》不断获得全球用户的认可。上市五年之后被微软收购，十年之后成为当时全球销量最大的一款游戏，而且还走出游戏世界，为现实生活提供活动场景。

那么，“土地”在《我的世界》中是什么样子呢？从上面这些介绍可以看出，虚拟土地是所有用户在游戏中进行创作的基础，同时也是用户进行社交互动的“名片”。

可以说，《我的世界》中的虚拟土地和现实世界中的土地在功能上非常类似，都能发挥承载“所有者”财富的作用，但是两者其实也有一些明显的区别。你会发现，《我的世界》中的土地本身的价值几乎可以忽略，而土地上面搭建的各种景观、建筑、物产决定了地产的主要价值，比如模仿霍格沃兹魔法学校建造的宏伟的宫殿，或者能穿在不同角色身上的哈利·波特样式的斗篷。用户可以购买这些虚拟商品，从而以一种市场化的方式体现创作者的劳动价值。这些交易活动构成了《我的世界》经济活动中的主要形式。

从《我的世界》这个案例可以看出，虚拟土地仅仅作为用户创作的载体而出现，用户创作的价值主要体现在虚拟土地的附着物之上，比如各种建筑和角色。而这些创作实际上只能存在于《我的世界》这一款游戏之中，用户只有登录游戏账户，他的创作才能展示出来，用户在游戏内部和外部实际上存在着明显的利益分割。

上“链”了，但玩法更“熟悉”了

与《我的世界》不同，基于区块链技术打造的游戏Decentraland，在虚拟土地上体现了完全不同的玩法。

我们知道，《我的世界》在用户首次登录之后，会给用户分配一个以网格为单位的区块。尽管游戏总共拥有的区块数量是14万亿，但实际上对于用户使用区块的数量并不设很多限制，用户可以按照自己的设计搭建各种尺寸的建筑，因为它不占据物理空间。

但是在游戏Decentraland里，虚拟土地的数量是固定的，整个游戏拥有92598个独立地块，每个地块都通过NFT技术进行确权，并可以独立地进行转让和交易。Decentraland在其白皮书中提出了和《我的世界》非常接近的建设目标，那就是“用户可以创建、体验和发布在平台上创建的、可交互式的3D作品”。但事实上，自2018年项目成立以来，“卖地”成了Decentraland的“主营业务”，到2021年12月10日，Decentraland的销售金额已经达到了7000多万美元。由于Decentraland所有虚拟土地都按照NFT标准设立，因此这块“土地”可以在任何NFT市场进行公开交易。这其中售价最高的一个地块成交价高达42万美元。那么，究竟是什么因素将虚拟土地的价格推高到这种程度呢?

从历史拍卖价格看，地理位置是决定虚拟土地价格的重要因素。Decentraland拍卖价格最高的两块地都紧挨着创世纪广场，而创世纪广场是所有用户登录Decentraland之后的第一站，紧挨着创世纪广场就意味着更大的被关注概率。可见，即使是虚拟土地，本质上也是一门流量生意。

此外，拍卖时间对“土地”拍卖价格也会形成直接影响。从2018年10月至2021年12月这段时间的拍卖价格情况来看，2021年一年的拍卖金额就达到历年全部拍卖金额的80%以上。众所周知，2021年是各类加密资产价格屡创新高的一年，所以，“土地”拍卖价格受市场总体情绪影响也较大。

老问题，会有新的解决方案吗

那 Decentraland 遇到的问题是什么呢？答案是流量受限和活动内容的缺乏，虽然已经有超过10% 的虚拟土地经过拍卖分发出去了，但真正在土地上进行开发建设、内容创作的情况并不普遍。

为什么会出现这种情况呢？其实这就是“地产玩法”在虚拟世界的复现，如果参与土地拍卖，或者囤积土地可以赚到远超预期的利润的话，谁还愿意再去组建团队进行内容创作呢？这和现实世界中房地产开发商囤积土地、靠倒卖土地差价赚钱的思路没有什么区别。要知道，这种囤积土地的行为在现实世界是要受到政府处罚的，但是，在虚拟世界还真没有发挥监管功能的机构。看来，没有监管的虚拟世界也是差点“意思”呢！

毫无疑问，虚拟土地价格虚高会对虚拟空间的内容创作产生负面影响。看来，元宇宙的大门背后也已经出现了唯利是图和热衷于投机的资本主义幽灵。既然元宇宙是和现实世界利益打通的虚实共生世界，在现实世界已经存在的利益博弈一定也会在虚拟世界延续，只不过解决问题的方式会有所区别罢了。

总结一下，这一讲我们以《我的世界》这一游戏为例，简要阐述了虚拟地产如何在虚拟空间创造价值，虽然从价值挖掘的角度来看，没有完全确权的虚拟土地价值有待进一步挖掘。但是在 Decentraland 中，虽然土地经过了完全确权，可如果土地升值和内容创作的节奏不能协调的话，土地价格反倒会对内容创作产生负面影响。我们希望虚拟世界能找到属于它自己的解决方法。

第三章
元宇宙“商业机会”

第一讲
游戏：为什么是探索元宇宙的最佳工具

在前几讲中，虚拟偶像、数字分身、虚拟地产、数字时尚都已经在元宇宙一一亮相，我们看到每个角色都有各自不同的故事，但各种角色其实又都可以组合起来。在这一讲中，我就把它们一次性全都“请”出来，看看能玩成什么“游戏”。是的，这一讲本的主角就是游戏，游戏对于元宇宙来说太重要了。

为什么这么说呢？因为游戏是迄今为止人类探索元宇宙的最佳工具。这一讲中，我们就来看看游戏具备哪些功能，能不能堪此重任。

游戏的平台化，使其具备了连接更多产品和服务的功能

20年前，游戏是一款独立的软件。如果你购买游戏，买的就是预装在光盘或者游戏卡里的软件，游戏的内容也完全由厂商预先设定。你在购买前对游戏的内容没有直观的了解，所以买游戏就像开盲盒。而游戏厂商呢，他们则通过售卖软件一次性获利。这个时期的游戏实际上就是一种“体验型”的产品。

我们再看近一点，就说10年前吧。免费游戏兴起了，你可以不花一分钱就能体验游戏一小部分的画面和情节，如果你对它不感兴趣，可以随时选择“离场”。游戏厂商不仅需要通过视觉效果、情节设置吸引用户体验产品，还需要不断设置各种“体验感”更强的剧情，来刺激你付费。对于游戏厂商来说，一款游戏可以卖10年，但是需要持续不断地进行内容更新，引导用户不断产生新的需求。这一时期的游戏实际上变成了一种持续性的服务。

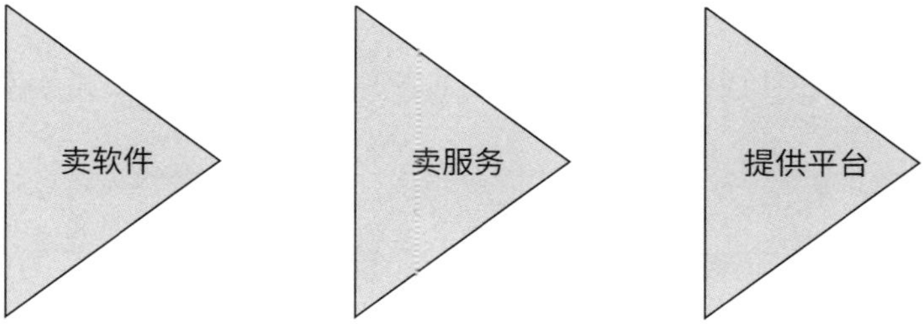

图4：游戏发展的三个阶段

还有一类游戏，是以《我的世界》和《第二人生》为代表的沙盒类游戏，可以说它们将这种服务模式推向了极致。游戏将剧情设计完全交给了用户，用户可以在这里复制各种经典游戏，也可以仅仅是闲聊或者闲逛。这时候，游戏提供给用户的服务就体现为一种创作上的自由。

你发现了吗？游戏从产品向服务的转变，使用户从参与游戏变成一种主动的创作，即使用户没有直接参与剧情创作，也可以在多人模式下间接参与，游戏为他提供了交互的可能，你可以将此理解为“社交服务”。

正是游戏内容本身的不断丰富，以及它和社交功能的结合，使游戏覆盖人群持续增加，从而使游戏逐渐体现出了一定的平台属性。简单来说就是：游戏能够连接各种产品、各种服务，以及各种人群。甚至游戏通过一种“不务正业”的方式，在社区举办和游戏无关的各种活动，把本来不是游戏用户的一类人群也连接了进来。

梳理一下，我们的结论差不多就可以出来了。游戏经历了从产品到服务，再从服务到平台的演变，它覆盖的场景越来越丰富。结合之前几讲的内容，你会发现，游戏和元宇宙“平行世界”的距离在缩小。因此，我们说游戏就是元宇宙中最重要的应用。

游戏产业链的延伸，使其对现实世界发挥越来越大的影响

那么，游戏的重要性体现在哪儿呢？首先，游戏成为平台之后，可以整合现实世界和虚拟世界的各种场景和功能，通过在创作、激励以及技术等领域进行持续迭代，进而在现实世界和虚拟世界创造出很多新的业态。

截至2021年年底，全球最赚钱的50个 IP 中，有16个都是通过游戏原创产生的。其中，《精灵宝可梦》一年可以大约赚到1000亿美元，我们中国用户比较熟悉的《王者荣耀》，每年

收入是100多亿美元。

这些最会赚钱的IP是怎么赢利的呢？以《精灵宝可梦》为例，游戏收入在它全部收入中大概占了四分之一，而授权衍生品收入则占到七成以上。虽然不同属性的游戏IP，在变现方式上会有较大区别，但我们可以发现一个基本规则，就是游戏IP的价值越高，其通过游戏之外的场景实现的收入就越高。

比如《精灵宝可梦》就在美国开放GPS高精度定位之后，推出一款增强现实游戏PokemonGo。它的主要玩法就是，让玩家在现实世界中找到游戏里通过电子地图设置的不同的地点，并通过操作手机上的APP“捉妖”。这个游戏实际上是利用了GPS定位和AR技术，使虚拟世界和现实世界产生了一种奇妙的共振。在这里，游戏IP成为连接虚实世界的一座桥梁。

实际上，游戏如今也不再仅仅是个人的消遣和娱乐，它同时还可以是一种全球范围的大型赛事。2021年，8个电竞项目就成为2022年杭州亚运会的正式比赛项目。所以，游戏不仅在虚拟空间提供了一种娱乐方式，在现实世界也衍生出有更多环节的产业链。

不仅如此，自从有了多人在线类游戏，就有了游戏公会。而随着端游、手游的出现，游戏公会已经是游戏行业不可小觑的一个重要因素。比如，中国游戏公会的开创者“十字军”就曾经打出一句口号：“我们不能打一辈子游戏，但是我们可以做一辈子的朋友。”可见，游戏公会已经在商业化的道路上出发，并成为网络和现实世界中非常活跃的板块。与此同时，游戏的创作方式和经济模型，越来越呈现开放式的特点。

游戏的创作方式和经济模型，越来越呈现开放式的特点

由于科技和媒介的不断发展，传统机构对于“专业”的垄断已经被打破。用户创作内容的 UGC 模式，成了商业的主流，比如抖音、快手、小红书。同样，UGC 也被认为是游戏保持长期兴盛的方法之一。在沙盒类游戏出现之后，游戏编辑器的接口正在逐渐地开放给用户，这也是游戏 UGC 创作的前提。在这方面，《我的世界》和 Roblox 都已经凭借自己的实际案例成为行业典范。

先来讲一讲《我的世界》这款游戏。《我的世界》基本玩

法是建筑搭建，因此吸引了大量喜欢动手的玩家。同时它也通过提供开放 API（应用程序编程接口）的方式将大量的游戏开发人员聚集起来，陆续开发出了“暮色森林”“红石力量”等不同功能的版本。2011年，《我的世界》仅凭具有开发功能的 API，就实现用户规模50% 的增长。

我们再来说一下，具有代表意义的项目 Roblox。在严格意义上说，Roblox 不是一款游戏，而是一个游戏开发和发行的平台，它为开发者提供各种开发工具、云加速、游戏发行和社交服务，已经累计推出5000万款游戏。Roblox 始终把为创作者提供便利作为公司发展主线，不断提供各种游戏引擎，以及大量的教程、书籍、培训活动。目前，Roblox 已经在它的主要用户群体，也就是青少年儿童中，培养了大量的游戏开发者。

那是不是说开发功能才是 UGC 在游戏行业崛起的核心呢？当然不是，毕竟没有长期激励机制，仅仅依靠爱好和兴趣，并不能持续激发开发人员的创作热情。所以说，经济机制的设计，才是鼓励 UGC 创作并起到关键作用的一环。

还是以 Roblox 为例。Roblox 针对平台用户，推出了5000万款游戏，而这5000万款游戏，拥有基本相似的收费模式。

比如，虽然用户体验游戏是免费的，但获得特殊的游戏道具、免除广告等服务都需要付费。再比如，虽然游戏开发者开发游戏是免费的，但如果他们要使用 Roblox 平台提供的各种工具，就要付费，包括游戏的发行也需要支付一定的发行费用。

而为了更好地对用户和开发者进行激励，Roblox 还发行了自己的虚拟代币“萝卜币”。所有付费业务都需要使用“萝卜币”进行支付，虽然“萝卜币”不是基于区块链发行的，但是 Roblox 为它提供和美元的兑换服务。基于这种兑换服务，游戏和现实世界的利益得以打通。

在这种灵活的经济模型的支撑下，Roblox 甚至将专业的游戏公司，也整合到它的创作队伍当中。2021年4月，我国 A 股的一家上市公司世纪华通，就在 Roblox 推出一款叫《Live Topia》的游戏，由于游戏设计新颖，制作精良，上线不到半年用户即突破一个亿。

总的来说，游戏是元宇宙中最重要的工具。如果说网页开发者是互联网建筑师的话，那么，游戏开发者就是元宇宙的建筑师。

第二讲
游戏引擎：为什么“小生意”里可以孕育“大机会”

上一讲我们讲到，游戏已经成为人类探索元宇宙的最佳工具，这一讲我们将延续这一话题，为你讲讲支撑游戏成为最佳工具的核心力量是什么。

游戏引擎，成就他人，壮大自己

先为你揭秘，这位藏在游戏背后的“关键先生”就是游戏引擎。简单来说，游戏引擎就是游戏开发中经常用到的工具包。事实上，所有的游戏开发都会用到一些通用功能，比如为图案着色、让角色动起来或者让声音和图像配合起来等。于是，有人就把这些常用的功能进行集成，把这些功能独立出来搞成软件包，这些软件包就是游戏引擎。

游戏引擎在游戏开发中的作用，就像农耕工具对于早期人类生产的作用一样，专业化工具的出现极大程度地促进了生产效率的提升。但游戏引擎远不仅仅是一个开发工具，它还代表了游戏背后极其硬核的产业链。游戏引擎作为一种专为“虚拟效果”而生的硬核技术，已经完成了从简单工具向产业化发展的转变，目前的游戏引擎已经是一个市值超过千亿的市场。

那么，游戏引擎是如何通过为游戏赋能，使自己获得迅猛成长的呢？这就要从Unity公司的故事讲起。

说到游戏引擎，Unity一定是一个无法回避的存在。因为，当今游戏市场一半以上的游戏，都是采用Unity 3D引擎制作的，包括《魔兽世界》《元神》和《糖豆人》等。据统计，Apple Store和Google Play下载排名前1000的游戏中，超过一半都使用了Unity。因此，2019年Unity被美国《快公司》（国际著名前沿商业媒体品牌，长期聚焦于商业与科技的创新领域）评选为“全球最具创新力50家公司”之一。

Unity为什么这么强？原因就是Unity 3D渲染引擎推动游戏乃至制造业、建筑业等诸多领域，实现了3D视效。说白了就是我们在屏幕上看到的各种角色，几乎都是因为Unity的存在而“活了起来”。你在游戏界面看到的阳光、城堡、星空，也因为Unity的存在而“真实起来”。

回忆一下，不难发现，早期出现在游戏屏幕上的人物都是方块人，有点像马赛克，楼房也都是平面的，典型的例子就是《超级玛丽》。虽然，这种直白且透着简陋的视觉效果初一看，也算一种风格，但长期来看是无法持续不断地吸引住玩家的。于是，对于视觉效果的追求，就成为游戏开发中非常重要的一条主线，而3D视效就是这方面具备标杆作用的一把标尺。Unity正是通过自己的产品让无数的游戏作品达到了这个标准。

为了让你更加方便地了解Unity 3D渲染引擎对于游戏行业的作用和意义，在这里，我还要向你简单科普一点渲染原理方面的基础知识。

一般来说，不论是在现实世界里还是在电子屏幕上，人们主要通过观察光源在同一物体不同部位的色差来获得立体的感觉。3D渲染引擎正是通过代码的形式模拟了这一过程，使得你的眼睛产生一种3D的视觉效果。

对于游戏的渲染效果还有一个更大的挑战，那就是游戏里各种角色往往是运动的，比如行走、跳跃、打斗等。场景的变化就需要产生3D视效的视角不断进行调整，并反复记录游戏画面中每个物体不同部位的色差，最终才能产生我们在屏幕上看到的3D效果。

Unity就是基于这样的原理，实现了3D渲染功能。基于Unity 3D渲染引擎开发的虚拟人，不仅可以展示皮肤表面的毛孔、毛囊，还可以看到附着的灰尘，虚拟人的眼睛还可以看到瞳孔、虹膜以及整个眼球的形状。

虽然3D渲染是Unity的代表作，但3D技术并不是Unity原创的，甚至单纯从视觉效果上来看，Unity 3D的渲染效果也不是行业最优，那么Unity凭什么神通在市场获得这么高的认可度呢？答案就藏在Unity的发展历程里。

技术的背后，还是现实的市场法则

Unity成功背后是一个非常励志的故事。2004年，三个丹麦的年轻人，在哥本哈根的一间地下室里创办了一家游戏开发公司。很快，他们就发现了问题，当时凡是可用作游戏开发的工具，都被少数几家软件公司垄断，而高达几十万美元的购买成本，粗暴地将他们这样的创业团队挡在了游戏行业之外。于是，三个年轻人敏锐地将创业的方向从游戏开发转向游戏工具开发，并提出“游戏引擎大众化”的创业理念。

在 Unity 创业团队转向游戏工具开发之后，他们发现游戏开发成本的高昂，不仅在于软件厂商对开发工具的垄断，还在于同一套游戏软件完全无法直接适配几种主要的技术平台，以及因此而带来的边际成本。比如，有的游戏发行了在主机运行的版本之后，如果想要上线手机，几乎就需要重新开发一次。于是他们就把一次开发同时支持手机、网页、游戏主机多平台发布的游戏工具作为主攻的方向。

此外，他们还发现，对渲染效果的要求越高，对硬件设备的要求也越高，而手游的兴起必然增加对“更轻一代”渲染引擎的需求。于是，他们选择了一条“在最优渲染效果和最可行硬件配置之间获得平衡”的技术方案，放弃了一部分对渲染效果的追求，以适应手游的开发需求。

正是凭借这种务实的态度，以及对技术趋势高度敏锐的把控，Unity 通过持续迭代不断降低开发者的使用门槛，通过支持手机、网页、游戏主机多平台发布，支持多厂商技术方案而快速获得了市场认可。

Unity 从仅仅作为 Apple 应用商店一款 iOS 开发者工具开

始，不断为游戏开发者的创作赋能，甚至不断把3D渲染技术向汽车、建筑、数字城市和工业互联网等方向拓展，目前已成了宝马、本田、沃尔沃、谷歌、微软、腾讯等行业巨头的合作伙伴。

在游戏引擎市场，除了Unity其实还有几个重要的玩家，其中之一就是Epic Games公司旗下的Unreal虚幻引擎。虚幻引擎这个词听上去很科幻，实际上，虚幻引擎1981年就已经上市了，并且一直是游戏引擎在视觉效果方面的引领者。2021年5月，在Epic Games公司发布的“虚幻5”体验版中，展示的实时渲染细节几乎能够媲美电影动画制作和真实世界。

但Epic Games公司经营思路与Unity却明显不同，它不仅在20年间努力保持行业的领先地位，同时也推出多款爆款游戏，直接将“虚幻”的技术优势进行充分的展示。其中，最知名的一款莫过于《堡垒之夜》，这款游戏在2021年新冠肺炎疫情期间为一名歌手举办了一场参加人数超千万人的虚拟演唱会，所有参加过这场演唱会的观众都为当时的视觉效果所震撼，而这场演唱会使用的渲染工具正是“虚幻”。

第三讲
协作平台：为什么开发者需要一个元宇宙

上一讲我们讲到游戏引擎的出现极大地提升了游戏行业的产出效率，同时自己也发展成为一个千亿规模的市场。你仿佛可以看到，游戏画面中每个角色的一哭一笑、一跑一跳背后都是一个复杂的产业链，都蕴藏着巨大的商业价值。这一讲，我就和你一起沿着这个方向继续前进，认识一下开发者协作平台 Omniverse 。

从英伟达说起，了解 Omniverse

Omniverse 是什么？实际上 Omniverse 就是人工智能计算公司英伟达基于“数字场景再造”功能打造的一款开放性协

作平台，英伟达将它定义为“开发者的元宇宙”，意思是希望通过 Omniverse 为元宇宙开发者提供一个链接足够广泛、功能足够强大、操作足够便捷的通用型平台。在介绍 Omniverse 之前，我要先向你简单介绍一下英伟达这家公司，有了这个背景知识，你才能更方便地理解 Omniverse。

可以说，英伟达是依靠芯片起家的，再准确点说，它是依靠图形处理芯片发展起来的，也就是我们经常说的 GPU。什么是 GPU？

实际上，个人电脑在诞生之初只有 CPU，而没有 GPU，也就是说早期的个人电脑，只有中央处理器，却没有图形处理器。可问题就在于，随着用户对图形显示效果提出的要求变高，身兼数职的 CPU，即使按照“摩尔定律”要求的那样，每18个月性能提高一倍，也已经不堪重负了，毕竟 CPU 是负责“全面”工作的，压力实在太大。所以，英伟达就想到了一个办法，就是另起炉灶，单独搞一个专门的处理器负责图形处理，于是就有了 GPU。

不得不说，英伟达在这方面确实做得很扎实，至今，它在全球独立显卡市场仍然占据高达80% 的份额。更重要的是，今天 GPU 的作用已经不止于图形处理，它在支持 AI 算法方面也显现出自己的强势。

有多强势呢？这么说吧，如果用 CPU 执行一个 AI 算法需要几天时间的话，那么，用 GPU 可能几个小时就搞定了。因此，英伟达也凭借在 GPU 方面的优势超越了英特尔，成为全球芯片领域市值最高的公司。

那么，正处在行业之巅的英伟达，为什么又要搞一个 Omniverse 呢？因为它看到了一个新的、极具潜力的市场，这个市场就是“数字场景模拟”。英伟达已经在图形处理和 AI 计算硬件方面获得市场先机了，要想在元宇宙这一新赛道收获新的竞争优势，自然不能坐等开发者和厂商提需求，这就是 Omniverse 出场的背景。

Omniverse“开发者的元宇宙”

既然 Omniverse 定位为“开发者的元宇宙”，那么让我们一起来看看它能给开发者提供哪些主要功能吧。

首先，Omniverse 实现了全球范围内3D 开发的多人在线实时协作。也就是说，即使使用不同类型的开发平台，都可以针对同一个3D 模型实时地进行共同编辑。什么意思呢？举个例子，你一定用过协同办公软件——腾讯文档。你会发现在使用这些文档的时候，你只能直接在腾讯文档上进行编辑，也只能使用腾讯文档自带的功能，在别的格式的文件上编辑，比如 WPS 文档，你就没法协同。

而3D 设计远比文档编辑要复杂得多，各个厂商推出的软件也各式各样，如果不能兼容多种软件协同开发，就相当于对开发人员的创作做出了限制。此时，Omniverse 兼容性的提升，就意味着开发者创作效率的提升。从这一点来看，Omniverse 可谓切中创作需求要害。

除了实时协作，Omniverse 还在多个领域实现了功能集成。简单来说就是，它围绕“数字场景模拟”这个核心目标，把经常用到的功能进行了集成。比如仅靠声音输入就可以生成仿真人脸表情，专门用于训练机器人的功能，以及专门用于测试无人驾驶软件的功能。

其中比较有意思的案例就是：虚拟人创作，被称为 Omniverse Avatar。在 Omniverse 发布会现场，这个虚拟人用创始人的真人声调和惯用的动作发表了一段关于 Omniverse 的产品介绍，并且和记者进行了连线，实时回答提问。有趣的是，直到发布会结束，大家都没有发现演讲的居然是一个虚拟人。

业内有人说，Omniverse 作为一套工具，已经具备了为元宇宙提供服务的能力。也许，在未来，你也可以很轻松地为自己创作一个数字分身。

Omniverse 的第三个主要功能，是充分体现了软硬件的协同效能。刚刚我们讲到，英伟达依靠 GPU 显卡起家，并通过其在3D 视觉效果方面的优势，充分体现了软硬件协作的巨大潜力。同样，英伟达推出的 RTX 显卡，就是在提高图形渲染和 AI 计算负载性能方面为 Omniverse 提供强大支持，使其具备了强大的光线追踪渲染功能，可以非常便捷地让你产生沉浸式体验。

从作品的角度更深度地了解 Omniverse

基于以上这三种功能，Omniverse 不仅可以在游戏设计、视频制作当中一展身手，还可以通过和数字孪生的结合，大量地应用于建筑设计、汽车制造、自动驾驶等场景。2021年，英伟达就基于 Omniverse 与宝马汽车合作开发出了一套“宝马未来汽车工厂”数字孪生系统。

在宝马数字孪生工厂中，Omniverse 先将实际工厂中已经存在的各种软件系统进行连接和打通，把多种数据源统一整合到数字孪生模型中。这就为其他软件系统提供了一套统一的数据基础，使其他软件系统可以针对这套统一的数据进行计算和反馈，从而为最大程度地发挥数据的作用创造了条件。

宝马数字孪生工厂包含了现实世界汽车工厂几乎所有的要素，比如建筑物、生产设备、传送装置，甚至包括机器人和工作人员。这家数字孪生工厂不仅在视觉方面和实际生产现场保持一致，同时在物理属性上也完全模拟了各个车间、各类设备以及生产线上正在组装的各个汽车零配件的实时状态，甚至同时可以分别为高达300辆的在线生产汽车建模。

不仅如此，基于数字孪生工厂，宝马还可实现对汽车生产全生命周期的管理。比如在工厂的设计和规划方面，全球范围内的工程师、设计人员，甚至是管理人员都可以进行实时协作，共同完成模型定型。

在工厂运营方面，数字孪生工厂配置的AI组件可以为工厂的预测性维护、生产流程优化、库存管理提供辅助性决策。比如通过收集焊装的实时数据，可针对这类设备设置的维护周期提供数据支持，甚至可以结合人体工程学原理，通过仿真模拟优化操作人员的动作，缓解操作人员的工作疲劳。

在人工智能的算法调试方面，汽车制造中使用到的各种机器人，比如大型配件自动运输设备、质检机器人等，可先通过数字孪生仿真系统进行训练，在得到最优参数之后再上线真实生产环境，这种方式使得机器人的调试成本大大下降，应用效率极大提升。据宝马相关负责人介绍，数字孪生工厂可为汽车生产整体流程提升30%的效率。

当然，Omniverse的应用场景远不止数字汽车工厂，英伟达甚至提出创建一个数字孪生地球的远期计划。

以上内容是关于Omniverse功能和应用情况的简要介绍，相信你也可以感觉到，元宇宙建设的核心内容就是数字场景的再造。但这个数字场景绝不是完全存在于数字世界的虚幻场景，而是和现实世界高度相关的、可以真实反映现实世界事物变化的多维数字场景。

第四讲
数字孪生：如果地球可以被复刻

上一讲我们主要讲到游戏引擎和开发者工具在提升创作效率方面发挥了重要作用，同时你也应该看到，这类工具实际上都是围绕“数字场景再造”这个核心目标而出现的，今天，我们就在这个方向继续带你认识一位“新朋友”——数字孪生。

数字孪生是元宇宙建设过程中不可或缺的一项关键技术，而且出现的时间远早于元宇宙，因为数字孪生对于元宇宙来说实在太重要了，今天我们就专门拿出这一讲来把数字孪生看个究竟。

本质上是一种数字表达

按照对学术界的定义理解，数字孪生本质上只是一种物理世界的数字表达而已。但数字孪生这种数字表达却有着非常高的要求。我把这些要求归纳成三个层次：第一个层次是外形一致，第二个层次是状态一致，第三个层次还要求时间上保持一致。

怎么理解呢？就好像有两个人，不仅看起来长得像，身高、体重都要一致，而且还要求体温、血压等各种指标都要保持一致，更重要的是，这些标准还需要同时实现。

你会发现，虽然我们在数字孪生的名称中，使用了“孪生”的字样，但是数字孪生的要求显然比现实生活中对双胞胎的标准要求还要高。而要求越高，就意味着实现的成本也就越高。你也许会问，为什么数字孪生要设立这么高的标准呢？因为数字孪生要能够支持决策。

核心功能在于决策支持

简单来说就是，数字孪生的核心功能，并不仅仅停留在

“长得像”上面，还要在“长得像”的基础上，进行“模拟”和“决策”。接下来，我们就通过对数字孪生的主要架构进行简要分析，来带你看清它的主要功能。

首先，你要了解数字孪生一般包括三个层次。主要功能是通过各种物联网设备对物理实体进行数据采集，并传递给数字模型。其次，在数据层之上的是模拟层，模拟层的主要作用是数据建模和数据仿真，主要是在创建数字模型的基础上，通过建模，预测物理实体在不同参数控制下的状态，这就是我们在前面提到的“模拟”。最后，模拟层之上是应用层，应用层的主要作用就是针对模拟结果进行数据监测、预警和决策，就是我们在前面提到的“决策”。

所以，数字孪生并不仅仅是“长得像”，还得是数字模型和物理实体的统一，是通过数据场景的再造，去支持物理实体进行更符合预期的运转。

举个例子，比如数字孪生城市。在这个项目前期需要大量的数字化改造的投入，目的是基于这个系统使城市在安全、环保、卫生等功能方面，能有更好的表现。从这个角度来说，你可以把数字孪生城市，看成是物理城市的数字映射，也可以把它看成是支撑城市实现数字化运营的技术系统。

当然，数字孪生是一项通用型技术，它的应用对象可以是一台机器，可以是一座工厂，也可以是一座城市，甚至也可以是你自己的身体。不管这个标的是什么，“支持决策”永远是数字孪生的核心目标。

为元宇宙再造场景

如果你愿意把数字孪生看成是一个信息系统的话，那么你会发现，物联网是它的信息输入来源，VR 和 AR 是其信息输出的结果，而人工智能则在信息加工和处理的过程中发挥了关键性的作用，具体执行“模拟”和“决策支持”的功能。所以说，数字孪生本质上就是通过一系列数据技术的集成，来实现“数字场景的再造”。

正是因为这一点，数字孪生的应用价值得到社会各界的高度认可。事实上，数字孪生和元宇宙有一个很大的共同点，就是它们都没有提供新的原创的技术，但是它们都通过技术集成创造了一个新的技术体系，为更多技术的应用提供了新的方向。

已经开启的应用

那么在应用层面，数字孪生的意义体现在哪儿呢？实际上，数字孪生为我们提供了一个物理系统数字化的通用方案，赋能了智能制造、智慧城市以及智慧医疗等诸多领域。听到这里，你可能觉得这种数字孪生离我们还很远。实际上，在我国四川，已经有了数字孪生在智慧公路领域的具体应用。

四川有一条成宜高速，它连接了成都和宜宾，2021年1月开通，全长157公里。在这条高速公路上，阿里云和成宜高速一起合作打造了一条“数字孪生公路”。这条数字孪生公路基于高精度定位、高精度气象探测、边缘计算、人工智能等技术的应用，实现了全天候自动驾驶支持和车辆安全的主动管理功能。其中，边缘计算主要分担一些简单的计算任务，这样就不至于将所有的计算，都依赖云端去执行，从而使数据计算和反馈的速度大大提升。

另外，“数字孪生高速公路”还实现了车辆安全主动管理。这个系统不仅可以反映高速公路的通行情况，还可以把所有行驶在高速公路上的车辆的情况反映出来。在这条公路上，每隔800米就安装了一个摄像头，这就意味着，所有行驶在这条高速公路上的车辆，在平均不到1分钟的时间内就会被拍照一次。通过这种方式，所有行驶的汽车的实时数据就被记录了下来，自然可以全程掌握车辆的行驶情况。因此安全性也大大提升。

多级产业链勾勒数字化经济更广阔远景

最后，我想说的是，数字孪生不仅可以实现多场景应用，还可以把现实世界诸多产业整合到数据产业链。从数字孪生系统的三个层次来看，数据层就涉及各类芯片和传感器，以及具备数据传送功能的边缘计算类设备和监控设备；而模拟层则涉及计算机辅助工程软件的建模技术。这里我要强调的是，建模技术在数字孪生整体系统中，是处于非常核心的位置。它涉及测绘扫描、网络空间剖分、几何建模和流程建模等，每个环节都分别涉及软硬件需求，比如测绘就需要测绘设备、测绘软件的参与，而测绘设备又涉及航拍、无人机、红外测绘等多项技术。

总之，数字孪生应用涉及的产业链，远超我们之前分析到的游戏行业。如果说以游戏为代表的娱乐属性，是消费互联网的主要特点的话，那么，数字孪生就是打开工业互联网的那把钥匙，也是元宇宙实现超越互联网的主战场。

在这一讲的内容里，我们还是围绕“数字场景再造”这个核心目标，探寻了建设元宇宙所用到的各种技术。数字孪生不仅可以建立一套非常“像”的模型，更重要的是它还可以通过“模拟”功能，对物理实体的状态进行评估和控制。所以说，数字孪生可以为物理系统整体性迁移到数字虚拟空间提供一整套的方法和工具，对于元宇宙的建设具有极其重要的作用。

最后，我还是想提醒各位读者，虽然数字孪生是如此重要，但它并不等于元宇宙，数字孪生只考虑了数据场景本身，而没有像元宇宙一样把人的利益结合起来。下一章中，我将带你一起看看元宇宙中，各个角色是如何相处和协作的，也就是我们常说的元宇宙的经济系统。

第四章

元宇宙“赚钱逻辑”

第一讲
商品逻辑：自带编程功能的产权证

在前面的内容中，我们对元宇宙的各类角色和工具，以及它们背后极其复杂的产业链进行了基本的介绍，相信你一定对元宇宙的“虚拟面纱”以及“虚拟面纱”背后的“硬核产业链”留下了深刻的印象。从这一讲开始，我会带你到一个新的领域，看看元宇宙中更加硬核的部分——经济系统。

和现实世界的经济系统一样，元宇宙也包括商品、货币、生产和治理等要素，这些要素分别按照它们各自固有的规律运行。就像老子说的那样“天地不仁，以万物为刍狗”，直白来说，就是客观规律对所有人都是一视同仁的，万事万物在这些规律面前就像一条狗一样，没有讨价还价的余地。

是的，在客观规律面前没有例外，你我能做的就是尽量扩展自己的认知，并保持对它们的敬畏。从这一讲开始，我们就尝试着从商品逻辑开始去探讨一下元宇宙经济系统运行的规律。

NFT，虚拟世界最基础的产权制度

NFT是一种基于特殊技术标准形成的数字资产，这种技术标准的主要特点有两点：一是数字资产具有唯一性，且不可进行分割；二是可以将资产和账户建立一一对应关系。有人说，NFT可以标记虚拟世界的每一粒沙子，这自然是一种比喻，虚拟世界当然没有沙子，但是虚拟世界有各种像素和体素。像素是构成二维图形的基本元素，体素是构成三维图形的基本元素，NFT技术可以把虚拟世界的各种像素、体素、图形和物品进行标记并和某个账户建立对应关系。建立对应关系之后，虚拟物品的归属就是确定的，那么和虚拟物品相关的一切权益也都归属于这个关联账户，或者说归属于账户的控制人。

在现实世界进行产权界定不可避免地要涉及法律的相关标准和流程。虽然迄今为止，还没有哪个国家针对NFT资产的归属进行过相关判例，但根据我国《民法典》第114条规定，物权是权利人依法对特定的物享有直接支配和排他的权利。根据该条文明确的标准，NFT 完全满足关于物权界定的主要标准。基于 NFT 标准，虚拟商品的产权归属、转让登记、交易结算甚至版权收入分配方案的实施等功能都可以自动实现。NFT 为虚拟世界建立了最基本的产权制度。

为艺术品确权提供全新方案

关于 NFT 在商品确权方面的作用，我们先从一个真实的案例说起。

2016年1月26日，美国纽约曼哈顿南区联邦法庭作出裁决，5年前，纽约诺德勒画廊出售给一位叫“索尔”的顾客的画作为赝品。这幅画作当时被标注为抽象表现主义大师马克·罗斯科的《无题》，并以850万美元的价格售出，但5年之后经过专业机构鉴定，这幅作品实际上是一幅仿品。这类案件本来不算稀奇，但这个案件中原告“索尔”的身份却让这个案件引起了社会的广泛关注，为什么呢？原来原告索尔不是别人，正是大名鼎鼎的国际艺术品拍卖行富苏比董事局主席，之前他还曾经担任过国际知名奢侈品牌 Gucci 的董事局主席和 CEO，索尔先生本人也是一位国际知名的收藏家，但是很不幸居然经历了这种糟糕的事情。

实际上，“真伪之辨”始终是传统艺术品市场最核心的一个话题，发生在名人身上的“赝品收藏”事件也屡见不鲜。原因就是，传统技术对于一件商品的流转过程无法进行准确的把握，对于艺术品的真伪判定只能依靠技术手段和专家的经验积累。此外，由于缺乏手段对“真伪判定”进行真伪判定，使得对艺术品的估值本身更像一次艺术创作。

NFT 技术的出现显然可以为这一难题画上句号。不管是价格昂贵的艺术品，还是某年某日你的一次发言，或者一张图片，只要转化成 NFT 作品，这件作品的归属就非常清晰，它所有的转让记录也都被明确记录。正是这个原因，全球收藏界纷纷向 NFT 敞开胸怀，希望借助 NFT 的技术特点将长期以来困扰他们的“真伪之辨”彻底解决。

更低成本的商品确权

NFT 在商品确权方面的特性主要表现为成本低、永久产权以及可编程性。首先，只要经过简单学习，你完全可以独立完成 NFT 作品的制作，这个过程在行业里有一个专用名词 Mint，翻译过来就是“铸造”。只要你打开去中心化钱包，找到可以 Mint 的网站，设置主链和 Gas 费之后，上传作品就可以完成 NFT 作品的制作了。NFT 的制作过程完全是自助式的，不需要任何机构或者个人帮助，也不需要为了产权登记而四处奔波，而且 NFT 涉及的作品种类非常多，只要能以电子形式保存的作品都可以制作成 NFT。

永久产权才是最硬核的特点

制作 NFT 的过程无须任何机构或者个人参与，这一点非常重要。因为只要在 Mint 的时候需要别的机构参与，那么在证明产权的时候就需要这个机构出现，产权的使用范围就会受到限制，但是 NFT 打破了这个限制，所以 NFT 获得的产权是一种永久产权。

比如，《王者荣耀》是很多游戏玩家的最爱，很多人花了很多的时间和金钱在里面获得了一颗“荣耀水晶”。但是你要想向别人展示这颗水晶，你就必须进入这个游戏里面，按照你个人的能力是不太可能把这颗水晶从游戏里面带出来，而且离开游戏也没有人可以证明这颗水晶是属于你的。

NFT 的价值就在于，只要你可以控制账户，就可以证明 NFT 是属于你的，想要交易或者送人，不需要借助任何第三方交易机构，完全可以通过自己实现。正是基于 NFT“永久产权”的特殊属性，艺术品特别是数字艺术品和 NFT 的结合已经成为越来越多的艺术创作者和收藏者的共识。2021年3月，美国艺术家 Beeple 一幅数字作品《每一天：前5000天》以近7000万美元的高价成交就是例证。

可编程性创造最大应用价值

但是，NFT 的价值并不在于为“天价”艺术品作嫁衣，而在于为更多形式、更多种类、更加碎片化的数字创作提供确权的功能，从而使其可以通过组合和交易创造新的价值。如果说永久产权体现了 NFT 核心价值的话，那么可编程性体现的就是 NFT 最大的应用价值。NFT 不仅可以代表商品所有权，还可以代表其他种类更多、更复杂的权利。比如有的 NFT 设置了一种规则，不论该作品经过多少次转让，每次转让都需要按照转让金额的一定比例向原创作者支付一笔版税，这种机制对于鼓励原创作者无疑具有非常明显的效果。

NFT凭借其可编程性与数字艺术创作进行结合，产生了很多新鲜的“玩法”。首先，NFT通过和数字身份的结合，为数字艺术开创了一个新的应用场景——数字身份。比如开创这一领域的Cryptopunk，还有BAYC，也就是“无聊猿猴游艇俱乐部”等，这类NFT的主要价值就在于人为设定的稀缺性。比如，Cryptopunk就是总量10000个的二维头像，该产品中人为设定抽烟斗的头像比其他类的数量更少，所以就更稀缺。在这里，NFT为个人数字身份赋予了艺术和财富的双重属性，同时也为用户基于数字身份进行社交创造了条件。

其次，NFT为数字艺术品的价值实现提供了新的途径。比如2021年8月，NBA球星库里通过拍卖用18万美元获得了一只“蓝皮肤、僵尸眼、西服套装”的BAYC猿猴。那么，库里花了18万美元到底买的是啥？是其他人都不能在任何场合使用这只猴子了吗？当然不是，库里购买的其实只是一个链接，这个链接可以说明，库里通过支付一笔费用获得了这个图片的所有权，仅此而已。那么，你可以使用这个图片作为自己的头像吗？现在的情况是可以的，不仅是你，任何人都可以使用这只猴子作为自己的头像。但是，在库里购买头像这件事已经得到社会公认的前提下，那么多人同时使用这个图片做头像说明了什么问题呢？只能说明，一是就像库里一样，你也喜欢这只猴子；二是你在借用别人的资源为自己充门面。如果库里也是这么想的话，也许他并不会介意你使用这只猴子。NFT 就是通过这种方式为数字艺术品价值的实现找到了新的途径。

再次，NFT 可以和游戏结合获得更大的使用场景。相对于收藏类 NFT，游戏类 NFT 的主要特点在于通过游戏情节的设定为 NFT 资产创造使用场景。比如2021年在东南亚地区非常流行的《Axie Infinity》，作为游戏主角的三条小鱼就是一种 NFT 资产。在这个游戏中，根据身体属性以及代际标记，每条鱼都是独一无二的，每三条鱼组队就可以通过 PVE 或者 PVP 模式获得游戏奖励，每条鱼也可以被游戏玩家自由转让，NFT 在这个游戏里成为游戏资产确权的重要保证。当然，NFT 和游戏的组合才刚刚开始，一方面游戏需要 NFT 作为商品提升游戏的收益，另一方面，从 NFT 的角度出发也需要游戏为 NFT 资产提供使用场景。据说，无聊猿猴游艇俱乐部就计划按照现有的角色设计游戏，让持有猿猴的用户能够互动起来。

这一讲中，我们通过 NFT 了解了元宇宙独特的商品逻辑，它不仅可以低成本地进行商品确权，还可以通过自带的可编程功能进行各种拓展，衍生出多种新的“玩法”。下一讲内容，我们将进入元宇宙的金融逻辑，内容比较硬核，挑战一下吧。

第二讲

金融逻辑：“三无模式”开辟的新赛道

现实世界中，金融是经济的核心和血液，这是因为金融可以为几乎所有的商业活动提供一种通用的生产要素——资金，而在资金成本上哪怕非常微小的变动都可能产生广泛影响。这就是金融重要性的直接逻辑。

金融的重要性不仅体现在现实世界中，同样也体现在虚拟世界里。因为金融天生就是以数字的形式存在，所以金融在现实世界和虚拟世界里并没有太大本质上的区别。但在现实世界中，金融市场的主体是金融机构，就像互联网的相关服务都是由互联网公司提供一样，金融机构在金融市场提供主要的金融服务；而在虚拟世界，去中心化金融也就是 Decentralized Finance（简称 DeFi）正在兴起。因为与元宇宙去中心化的气质高度匹配，所以，本讲内容重点探讨去中心化金融和传统金融在运行机制和业务形式上的主要区别。

需要说明的是，本文的主要内容是基于你对传统金融市场和金融业务具备一定的知识储备的基础之上。如果你对传统金融市场缺乏了解的话，你会对本文提出的核心话题的重要性可能会认识不足；但如果你能放弃对一些专业名词的困惑，把理解重点放在本文提出的主要框架上，反而会对去中心化金融有一个更加深入的了解。

讨论 DeFi，首先要从区块链在金融行业的应用说起。大家知道，区块链的本质是数据库，主要特点在于通过分布式计算和共识机制形成一种可信数据库。金融作为一种以数据为主要对象的业务，区块链在金融方面的应用具有天然优势。

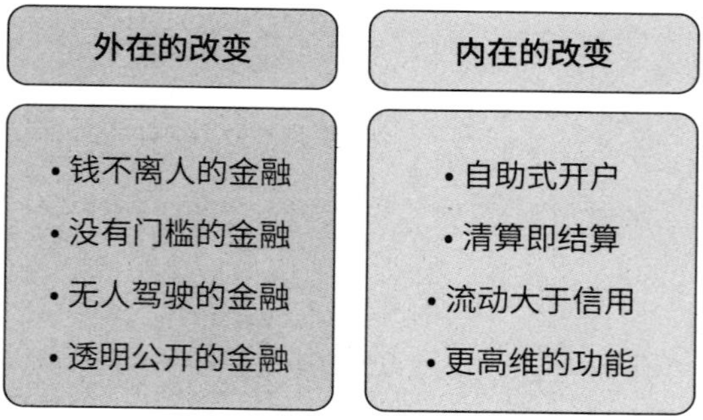

图5：区块链在金融方面的应用特征

区块链在金融方面的应用优势不仅体现在资产上链之后可以获得更大的流动性，还体现在区块链对金融体系基础运行机制带来的深刻影响。

自助式开户降低服务门槛

大家知道账户是金融服务的最基本单元，也是金融监管的重点领域。在传统金融体系，账户和个人是强绑定的。如果你要开设个人账户，你只能到银行现场开户，即使在金融科技如此发达的今天，这一点依然是金融机构坚守的底线。但区块链采用非对称加密技术定义账户，用户可以无须任何人帮助自助开户。任何人只要掌握私钥就可控制账户，无须中介，无须准入，人和账户既是绑定的，也是可以拆分的。但自助式开户是一把双刃剑，它可以降低用户的使用门槛，为用户使用带来便捷，但也为一些黑灰色产业和金融犯罪活动提供了便利。

清算即结算提升资产交易效率

清算、结算是资金支付、资产交易的基本环节，是金融体系重要的基础设施，对于金融体系正常运行发挥很大的作用。比如，在我国A股市场的沪市和深市，股票交易就实行T+1，就是说当天买入的资产需要等到第二天才能卖出，而美国股市实行的是T+2，这限制交易的一天或者两天主要就是用来清算和结算的，这一点对于资产的流动性当然是一种限制。

此外，如果你要进行股票买卖的话，是不是首先需要在券商开户，然后还要找一家银行办理托管资金？那么，为什么需要券商代理呢？因为在交易所开始运行的早期，交易所没法确认每个用户的卖单是否有足够的资产支撑。就是说你想要卖100股茅台股票，交易所没法在撮合交易的时候确认你是否有足够的证券保证成交之后去结算，如果没有足够的证券资产却又频频报价的话就会对资产价格形成影响，所以，需要证券公司作为代理，确保所有卖单都有足够的资产用于清算和结算。

那在你想要买100股比亚迪股票的时候，你也不能直接去买，你还是需要通过证券公司去购买。但是证券公司也靠不住，在各国证券市场上都发生过证券公司挪用客户资金的案例，证券公司靠不住，那就只能找银行托管了。你想买100股比亚迪股票，先给证券公司下达买单指令，证券公司再将买单通知银行，银行划拨资金，然后证券公司再执行买单。整个过程就是这样，缺少哪一方都没法形成一个足够安全和高效的交易系统，对于用户来说就需要向证券交易中涉及的证券公司和托管银行支付手续费。

但是在区块链上面，资产交易完全不用考虑这些问题。为什么呢？因为每次“出块”都意味着清算和结算的完成，既不用等待更长的时间，也无须第三方参与。基于区块链的清算和结算是同步进行的，这样资产交易的很多中间环节就可以省去，资产的使用效率也可以得到提升。区块链尤其可以为非标资产和场外交易提供理想的解决方案。比如中国再保险集团就基于区块链打造了分保系统，使得分保交易效率得以提升。

开创全新的业务模式

区块链还可以创造传统金融完全不可能实现的新业务模式，比如闪电贷。闪电贷是将借贷行为都合并在一个区块中执行的一种借贷形式，因为借出资金和归还本金的金额、对象和时间都是通过合约固定下来，所以借贷双方都可以完全不用考虑信用风险，因为在合约发起执行之后，没有人可以再更改资金的去向，合约执行完借贷操作之后只能把资金转回原来设定的账户。

通过闪电贷可以实现无须本金的套利，这在传统金融市场是不可想象的，但在区块链就是一种现实。当然闪电贷之于金融也是一把双刃剑，一方面，闪电贷让套利成本更低，市场效率更高；另一方面，闪电贷又加速了各种合约漏洞、业务规则漏洞风险的爆发，每次风险事件都涉及不小的金额，对市场造成较大冲击。

“无人驾驶、无门槛和无国界”的“三无金融”

基于区块链对金融体系基础运行机制的改变，DeFi 相对传统金融表现出“三无”的特点，这里的“三无”不是被工商机关严格禁止的“无照经营”，而是特指“无人驾驶、无门槛和无国界”的金融服务。

DeFi 的“三无金融”是这样的，DeFi 完全依靠智能合约提供金融服务，比如借贷、交易等，完全不需要人的介入，就可以获得类似于传统金融业务逻辑的金融服务，整个过程就像无人驾驶汽车一样，而且服务规则都是提前写在合约里面，任何人不可能单方面修改。

无须人的参与，金融服务就不受时间、地域的限制，服务门槛大大降低。任何人只要有一部手机，就可以享受各种金融服务；而对于提供金融服务的机构来说，也不需要投入场地或者招聘工作人员，开发产品的主要工作也都将由技术人员来完成。

DeFi 是基于区块链提供服务，天然具有跨越国界的特点，只要 Dapp 从功能上具有一定的特色，那么你面对的就是全球市场，也就是说，DeFi 从另外一个角度把全球的金融资源连接在了一起。

所以才说，DeFi 是无人驾驶、无门槛、无国界的金融服务。

和实体经济结合，大有可为

从金融的视角来看，以上关于 DeFi 的介绍主要是针对其业务规则进行的，如果从另外一个角度，也就是资产来源的角度看的话，可以更加直观地帮你感知 DeFi 对传统金融的影响。虽然目前市场上的 DeFi 项目大都基于以太坊等公链部署，但 DeFi 的服务标的却并非一定局限于虚拟资产，它也完全可以基于联盟链或者各种去中心化账本技术平台，也就是DLT，进行部署，而DeFi基础资产的来源也完全可以超越虚拟世界走进实体经济。

虽然到目前为止，这一领域还没有出现相关案例，但从技术的角度来看，DeFi的业务框架是完全可以适用于法定数字货币的。而法定数字货币对于我们来说已经不是趋势，而是现实。在我国，中国人民银行主导的法定数字人民币DECP已经上线。国际清算银行2021年初的一份报告显示，全球范围超过80%的央行正在从事法定数字货币相关的研发和试点工作。虽然美国政府还没有推出自己的法定数字美元，但早在2018年就已经批准USDC和PRAX两个合规链上美元项目，截至2021年年底，USDC发行量已达400亿美元。

除了服务法定数字货币之外，目前已有的DeFi项目也正在积极探索服务现实世界实体经济的模式，并已取得一定的突破。有一个叫Centrifuge的项目就专门从事中小企业资产上链业务，并通过MarkerDAO和AAVE等去中心化借贷协议使这些来自现实世界的资产可以通过抵押获得资金支持，可以上链的资产包括住房抵押贷款，也可以包括知识产权或者版权。截至2021年年底，通过这种方式已经为大概70家企业获得大约5000万美元的资金支持。

DeFi 提供了一套运行机制完全不同，在某些领域还有明显效率优势的金融服务模式，如果在资产端可以进一步和实体经济打通，DeFi 就不仅仅是满足元宇宙虚拟经济的金融服务了，而是具备了同时服务虚实世界的能力。所以，我们完全有理由相信，DeFi 将会在元宇宙中获得更加广阔的发展空间。

当然，基于 DeFi 建立的金融体系也伴随着大量的风险，尤其对于普通用户而言风险大于便捷，而且其跨国性也不太便于各国政府监管机构进行金融监管，这也是目前各国政府并没有将 DeFi 纳入现有金融体系的重要原因。如何系统性地降低风险是 DeFi 下一步发展需要解决的一个主要问题。

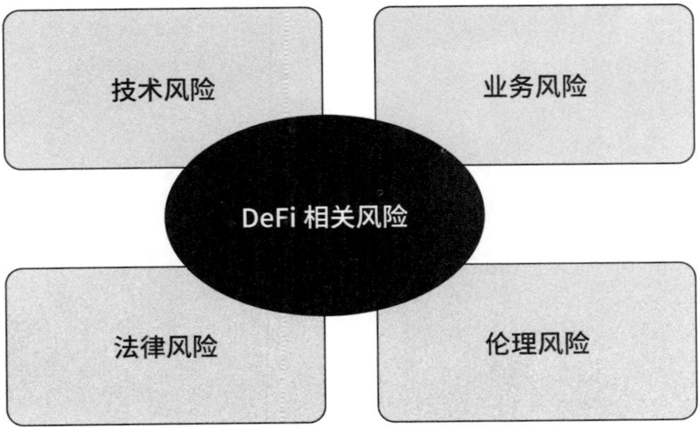

图6：DeFi 相关风险图示

综上，金融行业是天然适合于数字化运营的场景，DeFi不仅在金融体系基础运行规则上产生了重大影响，同时也可以产生全新的金融服务模式，不过其风险也不容小觑。

第三讲
生产逻辑："边玩边赚"支撑起"创作者经济"

本章前两讲我们分别讲到了元宇宙经济体系中商品逻辑和金融逻辑：NFT 可以低成本地为虚拟商品确权，并通过自带的可编程功能衍生出更多种权益；DeFi 基于智能合约在一个去信任的环境下，不仅可以提供各种类似于传统金融的产品和服务，同时还对金融基础设施的运行模式产生重大影响。

但在一个成熟的经济体中，商品和金融的诸多特性并不是独立展示出来的，而是通过在生产活动中的相互组合体现出来的。本讲的内容里，我将带你一起看看元宇宙的生产逻辑，即在元宇宙中各种商品和资金是通过什么形式组织起来以便实现更大的产出？

从“免费模式”到“边玩边赚”

在刚刚过去的2021年，游戏玩家中间开始流行一个词，就是“刷低保”。什么叫“刷低保”呢？就是每天只要能够按照游戏规则的要求，完成一些简单的动作，比如把游戏里的“木头”搬起来送到宫殿里，或者点击“粮食”补充能量，或者参加一场人机大战……你就可以获得游戏内的代币奖励。这种奖励代币不仅在游戏内有各种实际的用途，比如帮助你的宠物“生小孩”，帮助宠物升级等，还可以非常方便地卖掉。这种情况不是偶尔发生，而是每天经常性地发生，周而复始，这种可以通过玩游戏赚生活费的行为就被游戏玩家称为“刷低保”。

这种情况也不是杜撰的虚构情节，而是真实地发生在今年的东南亚和南美，特别是在菲律宾。据报道，当地有几十万的民众，上到已经退休的老人，下到还未毕业的学生，每天通过参加一款叫《Axie Infinity》的游戏可以赚到几十到几百美元不等。

据世界银行数据，2020年菲律宾人均GDP仅为3300美元，日均几十美元的收入在当地应该已经超出“低保”的范畴了。

那么，Axie 是如何能做到“让几十万用户每天赚取几十美元”这件事的呢？主要原因就是它创造了一种新的游戏模式，就叫 Play-To-Earn，翻译过来就是“边玩边赚”。

“边玩边赚”模式是相对于目前游戏行业中普遍采用的免费模式而言的。在免费模式中，用户可以不用花费任何成本，以免费的方式体验部分游戏内容，但是想要在游戏中获得特殊的“皮肤”或者“装备”就要“氪金”了。所以说，免费模式的特点在于降低用户门槛，让更多的玩家可以方便地体验游戏的各种效果和情节，但免费模式的核心是用户付费获得游戏中的体验。毕竟，游戏也是一个产业，完全免费是不可能支撑起一个产业的。那么“边玩边赚”是怎么回事呢？我们可以先从 Axie 的主要玩法中看看它的基本模式。

Axie 主要的玩法就是用户首先要拥有三只小鱼，然后通过带领小鱼参加战斗而获得奖励。如果用户想要参加战斗首先就要拥有小鱼。在传统的免费模式游戏中，一般设计往往就是，用户可以免费获得小鱼参与竞赛，但想要在竞赛中获得较高名次就需要“氪金”购买装备或者“特效技能”，具有特殊价值的“装备”或者“道具”完全由游戏公司生产，用户需要从游戏公司购买然后才可以使用。但 Axie 打破了这个模式，游戏中用户不是免费获得小鱼，而是需要支付一定的成本才能获得小鱼。小鱼不仅可以参加战斗，而且还可以“生宝宝”，生了“宝宝”之后可以另外再组队战斗或者直接卖掉，而且根据鱼的稀缺程度和战斗指数的区别价格还不一样，这是用户的第一种“赚钱”方式。此外，如果每天带着鱼去参加战斗就可以获得游戏代币的奖励，这是用户的第二种“赚钱”方式。用户如果不想继续玩这个游戏了，就可以将所有的鱼转让，退出游戏。

“边玩边赚”的经济学分析

现在，我和你可以一起帮用户算一笔账。对于用户来说，要想参加游戏就要花钱买鱼，买鱼的钱是用户投入的成本，用户投入这个成本之后可以赚到上面两种“收入”；用户在退出游戏的时候还可以把最初参加游戏时候买的鱼卖掉，卖鱼的收入基本上可以覆盖买鱼花费的成本，那么用户在玩游戏时候赚的钱实际上就是净利润了。

那么一个新的问题就来了，用户赚的钱到底来自哪里呢？答案就是，用户赚的钱实际上是游戏市场价值的提前变现，或者说游戏内资产市场价值的提前变现，也可以说是在“免费模式”下，游戏厂商独占的利润分配给了早期参与游戏的玩家。

如果站在游戏厂商的角度来看，这是一种用户激励行为，通过这种激励方式，游戏厂商省去了大笔购买流量的费用。如果站在游戏经济体系的角度来看，免费模式下，游戏厂商是生产者，游戏用户是消费者，二者界限分明，游戏厂商需要花费大量的成本进行游戏开发和获取流量，引导用户在游戏场景内进行购买。但在“边玩边赚”模式下，游戏厂商还是生产者，但用户既是生产者也是消费者。游戏厂商将一部分销售收入转让给用户，但也不再需要在用户获取方面投入太多的成本，而用户不仅可以通过参与游戏收回成本，还可能获得额外的收入，同时用户和游戏之间的关系也从“你买我卖”变成了“共同经营”。

凭借这一“边玩边赚”的模式，Axie成为2021年一款现象级游戏。虽然Axie正式上线也就大概一年的时间，日活用户也才几十万人的规模，但Axie在2021年年底市值达233亿美元，全年收入达13亿美元。与此同时，自2015年上线的《王者荣耀》已经连续数年占据全球游戏行业年度收入宝座，而它在2021年全年收入仅为28亿美元。

“边玩边赚”代表了一种更加灵活、更具弹性的生产组织方式，在这种模式下，传统的雇佣关系不再成为必须，众多的生产者可以通过“灵活就业”的形式，在不同的场景下组织起来参与生产，扩大供给。这种模式的出现实际上反映了一种底层技术的变革所带来的产业链分工的重构，而这种重构往往呈现出一种专业门槛不断降低的特点，在之前只有经过大量硬件投资或者专业技能积累才有资格进入生产的领域，让更更多的普通人可以方便地进入，从而可以实现生产规模的快速扩大。由此，“边玩边赚”成为元宇宙“创作者经济”的重要驱动。

从“边玩边赚”向“创作者经济”的扩展

“边玩边赚”实际上是一种类似于UGC的“用户参与供给”的商业模式，这种模式可以在游戏场景下表现为“边玩边赚”，还可以在其他场景下表现为各种“边啥边赚”。比如IPFS协议的发明就提供了一种“边存储边赚”的模式。IPFS可以建立一种基于内容寻址的文件存储检索系统，不同的用户在网络检索自己想要的内容的时候不会再因为同时访问同一个位置而造成网络拥堵，而是可以在网络中按照就近的原则在不同的节点找到你想要的内容。站在用户的角度看，就是你可以把你暂时不用的存储空间租给别人使用，而使用的人会按照使用数据的大小和次数向你支付费用。

还有一个例子。据报道，美国有一名男子在经过简单的组装之后通过自己的电动汽车可以进行“比特币”挖矿。虽然从目前来看这种做法并不具备太多的推广价值，但是在元宇宙开放性的技术架构之下，算力设备的多重利用不仅完全可能，而且还应该是一种非常现实的“算力解决方案”。

关于元宇宙生产逻辑的主要内容就讲到这里。我们主要通过对游戏中“边玩边赚”模式的介绍阐述了元宇宙中一种“平台型机构＋灵活型就业”的新的生产方式。这种方式代表了一种更加灵活的资源配置形式，这种形式不仅有利于快速扩大生产规模，同时也有利于用户群体规模的快速扩大。

第四讲
治理逻辑：为“代码即法律”寻找新的边际

回顾一下我们之前讲到的内容，NFT 和 DeFi 是构成元宇宙经济体系的两个基本要素，“边玩边赚”把创作者和其他生产资源进行匹配，具备这些要素之后，虚拟经济是不是就可以自动运转起来了呢?

答案是，还不行，还需要对参与生产的各种要素形成一套明确的激励制度，才能把生产组织起来。现实世界中，资源配置的基本单元是企业，企业决策主要通过公司治理形成；企业之外是国家制定的一整套法律制度，企业在法律规范之内开展经济活动。那么，在以去中心化为主要特点的元宇宙中如何进行社区治理呢？这一讲我们就来看看一种全新的治理模式——DAO。

从比特币看 DAO 主要运行规则

DAO 全称 Decentralized Autonoumous Organization，意为去中心化自治组织，DAO 的核心机制是社区共治和自动执行。

比特币就是一个 DAO 的成功应用。从市值规模上来看，比特币已经和苹果、微软等大型互联网公司处于同一量级，但和互联网公司动辄数十万员工不同，比特币自问世以来从没有建立一个专门的机构，没有雇佣一名专职的工作人员，但比特币作为“数字黄金”的地位却得到越来越多人的认可。比特币靠什么做到这一点呢？那就是其独特的治理结构。

在比特币网络最核心的问题实际上就是矿工选择挖矿软件版本的问题，不是具体某个矿工选择使用哪个版本挖矿软件的问题，而是矿工群体选择哪个版本的问题。为什么这个问题这么重要呢？因为比特币所有的特性都是通过挖矿软件定义的。对你来说耳熟能详的“总量固定、四年减半”都体现在挖矿软件的代码上，如果软件的内容调整了，“总量固定、四年减半”也就有可能改变。这种情况有可能发生吗？仅仅在理论上有可能，现实中几乎不可能。为什么不可能呢？

目前，在全球有两万个左右的节点负责为比特币“出块”

记账，也就是我们通常所说的“挖矿”，但是这两万个左右的节点之间互相都不认识，没有人知道他们具体分散在什么地方，而且这些节点完全是一种“散养”的状态，什么时候想干活就开始运行软件；什么时候不想干活，随时就可以关机退出。也就是说，矿工处于一种完全独立的状态，他们彼此之间谁也没有直接影响对方的机会和能力。

但是，他们有一个共性，就是所有节点都运行着一套统一的软件，每隔十分钟，就能生成一份大家认可的交易记录。只要这个动作不断持续，比特币就可以持续存在下去。

总结一下以上内容，比特币治理的核心议题是矿工选择运行什么软件，比特币治理的实施方案是每个矿工选择运行自己认为应该运行的软件。那么，比特币治理的实施结果是什么呢？

如果有人认为目前比特币运行的程序可以在某个方面进一步改进，他可以发起提案供社区所有成员讨论；如果有人同样对这个新的设计感兴趣，而这个人恰好具有代码开发技能，这个人就可以用代码实现这个功能；如果这个改动被更多人关注，大家就可以集体讨论一下是否需要将正在运行的程序进行升级。

在大家约定的时间里，每个人自主决策，选择更新还是不更新挖矿程序。如果大部分人赞成更新程序，并在约定的时间之内更新了程序，比特币就完成了一次升级；如果大部分人认同程序升级，但还有一小部分人不愿意或还没有升级，那么这些人的验证结果就不会被其他人接受，这些人事实上就退出了比特币网络；如果支持或反对程序升级的人都不在少数，则选择两个版本系统的节点就分别运行两个网络，这就是所谓的分叉。事实上比特币在2017~2018年间已经经历过数次分叉，分别诞生了 BCH 和 BSV 等新的网络。

比特币社区从来没有使用 DAO 这个称呼，但大家都公认比特币是一个典型的 DAO，也是最成功的 DAO，比特币的发展历程实际上就是一个“社区参与 + 代码实施”的典型案例。

DAO 的核心功能在于“激活社区”

现实生活中，MakerDAO 也是一个基于 DAO 运行的典型项目。MakerDAO 首创了完全基于合约实现的超额抵押模式，并为 DeFi 世界提供一种使用范围非常广泛的稳定币，也就是链上美元。

MakerDAO最早成立于2017年，成立之初主要通过基金会推进项目，同时也推出社区自治平台针对产品参数进行决策，比如引入抵押资产的种类，各种抵押资产的抵押率以及清算费率等指标等。2020年，MakerDAO基金会退出运营，该项目正式转变为完全基于DAO运营的项目。

通过比特币和MarkerDAO的案例，我们可以简单地为DAO的基本特征做一个总结。DAO是一个通过为社区成员提供参与决策的机会，而在社区层面形成一定激励效应的组织形式。社区成员除了在精神层面具有共同的价值观之外，还可以通过通证发挥贡献凭证和激励凭证的作用，借助于通证的作用，DAO可以在激活社区用户方面发挥关键性的作用。

比如在刚刚过去的2021年12月份，OpenDAO针对Opensea所有用户进行“空投”。Opensea是目前规模最大的NFT交易市场，2021年，其手续费收入规模即达到数亿美元，但Opensea同时也因其高昂的手续费率和始终没有针对用户的激励方案而为社区所抱怨。从利益的角度来看OpenDAO和Opensea完全没有关系，但是这并不妨碍OpenDAO可以利用Opensea在链上已经公开的用户数据通过“空投”一种新的通证将Opensea的用户群体激活起来。你一定知道，对于

Opensea 这种交易业务，激活用户的意义远远大于交易系统等技术优势。如果 OpenDAO 基于对用户的激活推出 NFT 相关的交易业务的话，你应该不会感到意外，因为完全基于合约实现 NFT 交易在技术上已经非常成熟。

“代码即法律”是 DAO 体现效率优势的边界

但是，DAO 的应用也不是万能的，虽然市场上有各种类型的 DAO，如行研 DAO、风投 DAO、游戏公会 DAO 等，如果项目从一开始还没有找到合适的业务模式就强调依靠 DAO 运行，一般的结果都是失败；而往往是像 Sushi 和 OpenDAO 那样在商业模式已经非常明确，仅仅通过 DAO 激活用户的情况，才有成功的机会。我们并不能指望仅仅凭借新潮的概念，DAO 就可以获得成功，就像五年之前互联网金融刚刚兴起之时，一大批众筹咖啡店、饭店纷纷涌现，但真正走到现在的案例几乎没有。

DAO 可以提供一个灵活参与且能在一定程度上利益共享的组织形式，但无法精确地对每个成员的贡献程度进行度量。所以 DAO 可以体现效率优势的边界在于“代码即法律”，在于社区决策形成之后完全自动化的执行机制，正是这种高效的执行机制才使社区决策成为社区行为。如果是实施环节比较短的业务，比如投资，可以通过专用工具的开发、合约的自动执行弥补这一短板；如果业务环节较长，则 DAO 的组织形式无法体现优势。所以，目前 DAO 在市场上热度很高，但真正可以获得资本青睐的都是针对特定领域的工具类项目。

本讲关于元宇宙治理逻辑的主要内容就是这些。DAO 可以提供一个灵活参与的机会并激活社区，但 DAO 也并非万能，它比较适应于决策链条长而实施链条短的场景，同时 DAO 工具类项目的发展也为 DAO 组织效率的提升发挥了重要作用。

第五章

元宇宙和你的“小宇宙”

第一讲
新空间：虚实共生的进化世界

前面几讲内容中，通过对元宇宙中主要角色、基本工具以及经济系统进行的简要介绍，你应该可以了解到，一个源于现实世界，且又和现实世界高度融合的虚拟世界是元宇宙对人类社会“最大的贡献”。在这个虚拟世界中，充满了完全不同于现实世界的新角色和新场景，而且每一个场景、每一个细节的背后都有着复杂的产业链作为支撑；站在经济系统的视角来看，这个虚拟世界的商品、金融、生产和治理也体现出全新的特点和运行方式。但“新”并不是元宇宙的全部特点，虚拟世界也不是元宇宙的全部内容。在这一讲中，就让我们一起来看看，在元宇宙里还有哪些更“硬核”的特征和规律能同时在虚拟世界和现实世界中发挥作用，并对我们理解元宇宙的运行规律产生帮助。

现实世界是元宇宙存在的基石

首先，现实世界是元宇宙存在的基础，不管虚拟世界的功能多么强大，本质上虚拟世界不太可能脱离现实世界的能源和算力而独立运行。元宇宙的交互层本身就存在于现实世界，此外，数据的存储、协议的执行、激励的实施无不依赖于现实世界的数据产业链，即使高度发达的各种人工智能系统也离不开现实世界的能源和算力的支撑，所以说现实世界仍然是元宇宙无法摆脱的基石。

在目前的自然条件和社会条件下，还没有出现超越人类之外的新的利益主体，虚拟世界经济活动的利益主体也还是存在于现实世界的人或组织，所以衡量虚拟世界一切活动的标准还是对现实世界的个人或者组织产生的最终效用。在人类的生存还依然离不开摄取生物能量的前提下，不论元宇宙 VR 世界多么奇幻，都无法使人永远忘记肠胃的饥渴，所以，虚拟世界的活动主要还是限定在精神层面和知识层面。虚实相生的元宇宙，本质上是现实世界的延伸。

虚拟世界最直接地体现了元宇宙的比较优势

元宇宙的构建离不开一个具有“平行世界”“独立身份”和“利益打通”特征的虚拟世界。“平行世界”意味着可以用数字化的方法模拟或创造出现实世界的诸多场景；“独立身份”意味着人类可以长期的、独立的，以一种不依赖于任何第三方机构的形式存在于虚拟世界，人类创造自己的“数字分身”成为可能。数字场景和数字分身的存在使得人类的各种信息创造活动可以逐渐地转移到虚拟世界，因为在虚拟世界开展这类活动所需要的物理成本更低，创作效率更高。

如果远程开会、创作、办公、购物、娱乐能够获得和线下几乎一样，甚至是更好的体验，就没有人再去把时间和精力花费在缩短物理距离的路程之上，人们可用于专业交流和思考的时间就会大大增强，这无疑对于扩大创作是有帮助的。此外，借助于 NFT、DeFi、DAO 等去中心化技术手段，虚拟世界在资产确权、资产流通、社区治理方面提供了完全不同于现实世界的解决方案，虚拟世界的覆盖范围也从中心化的平台拓展为几乎没有技术边际的广阔范围，跨国界、跨平台、跨生态的用户群体使得虚拟世界的创作和生产更具规模经济效应，也就意味着更强大的经济激励效应。所以说，虚拟世界最直接地体现了元宇宙的比较优势。

稀缺性依然是元宇宙一切经济规律的基本前提

现实世界中，经济学存在的前提是物品的稀缺性；虚拟世界中，虽然信息复制和传输的边际成本几乎接近于零，但稀缺性仍然是其一切经济规律存在的前提。为什么呢？因为信息的生产过程不仅包括信息的复制和传播，内容创造对于信息的价值具有更大的影响。

目前阶段，互联网本身并不具备独立的审美和创作能力，互联网的存在更多的是为信息的复制和传播提供了一种更加便捷的途径，所以内容的创作在一定程度上是稀缺的；人工智能的发展可以代替人类进行创作，但目前仅限于一些逻辑简单且重复性高的领域，基本上是一种基于人类经验进行的“模拟创作”；即使将来有一天，人工智能可以独立于人类智能而存在，人的注意力资源仍然是稀缺的。在稀缺性的基本约束下，进行资源的有效配置仍然是元宇宙虚实相生世界经济体系的核心命题。

现实世界的生产函数由人力、资本、土地和技术构成，在虚拟世界，土地不再是生产函数的必要组成部分，取而代之的是数据成为不可或缺的生产要素。在人工智能不断发展的前提下，虚拟世界的生产对人力的投入要求不断降低，而对技术的要求则越来越高。一般性的物理商品具有边际效应递减的特点，比如说当你在极度饥饿的情况下，第一个苹果是可以救命的，第二个、第三个苹果作用就没那么大了；但由于信息生产的边际成本近似为零，而网络效应却会因为网络规模的扩大而增强，所以，表现为边际效应递增。这一点是虚拟世界生产不同于现实世界的非常显著的特点。

这种情况下，梅特卡夫定律，即网络的价值由网络规模决定，在决定虚拟商品的价格方面发挥重要作用。比如，一款游戏的某种道具，在供给数量一定的前提下，拥有资产的人数量越多则资产的价格就越高。如果关于虚拟资产的价值认同完全来自精神层面，而不像现实世界的资产估值来自现金流折现等方式，当这种价值认同发生变化时，资产价格就会发生剧烈波动，如果再加上资金供给面的波动，这种价格波动就会更加剧烈。就像我们这几年在比特币的价格表现上看到的情景一样。

虽然我们在前文专门针对元宇宙“去中心化”的特质进行过专门论述，但是需要说明的是，不论是“去中心化”的技术架构，还是“去中心化”的经济体系和治理形式都更适用于元宇宙的虚拟世界，而在作为元宇宙基石的现实世界则并不会同步呈现这些特点。从现在的情况来看，元宇宙的建设过程不可能是一次性构建一个大而全的虚实相生的新空间，而更可能是从一个一个中心化的、碎片式的“小元宇宙”开始逐步联通，最终形成一个或几个大而全的虚实空间。未来的元宇宙就像是现在的网站一样，成为人和人之间、人和机构之间，以及机构和机构之间交互的新场景。

此外，从元宇宙的四层架构来看，由于每层架构发挥的作用不同，所以每层架构的建设形态之间也会有很多的区别。比如，在主要依靠物理设备构建的交互层，不论从技术研发的角度还是从设备投资的角度都离不开大型机构或者科技公司的参与；在更多体现为软件内容的数据层、协议层、治理层以及应用层，其建设过程更多地体现为创意和知识的积累，其产品形态更多地体现为数字产品，对于创新性机构或者个人而言可能会有更大的发挥空间。这种差异并不是因为个人喜好或者政府监管造成的，而是因为不同层级具有的不同经济规律造成的。因为在交互层满足的是边际效应递减规律，而在应用层则满足的是边际效应递增规律，只有符合基本经济规律的经济活动才能在产出上体现出优势。

本讲主要的内容就是这样。这一讲中，我们在介绍了虚拟经济的商品、金融、生产和治理逻辑的基础之上，进一步结合元宇宙虚实相生的特点阐述了对元宇宙发挥重要影响的几条规律。下一讲，我们将针对元宇宙的相关风险进行专门介绍。

第二讲
新规则：没有零成本的“自由”

随着元宇宙建设不断推进，人们在虚拟世界的活动内容持续丰富，虚拟世界“去中心化”的特征和现实世界相互叠加，将不可避免地在发展理念、治理方式、利益分配以及制度建设等方面提出新的问题。本讲中，我将结合 CityDAO 这一案例，详尽地列举在构建一个虚实共生的生存空间时可能遇到的各种问题，并尝试探讨针对这些问题的解决思路。

前面内容中，我们曾经介绍过《我的世界》和 Decentraland。在这类游戏中，你可以完全按照自己的想法打造一座城市，但这类虚拟城市只能靠外观和细节打动你，你永远不可能在这类城市中生活。要想创造一个可以让人类生活其中的新空间，还是要打造一个虚实共生的新世界，或者至少是一个新城市。CityDAO就是基于这样一个目标的一种尝试，它计划在现实世界中构建一个完全通过DAO实现运营的城市。

2021年7月，CityDAO在以太坊区块链上发起成立。为什么要在以太坊上发起成立呢？首先是因为，在现实世界建立一座城市需要大量的前期投入，在以太坊上发起项目，就是为了募集资金。其次，CityDAO打算建造的城市计划主要通过以太坊智能合约进行治理，CityDAO要建设一个运行在智能合约上的“链上城市”。CityDAO通过出售社区身份NFT共计获得价值850万美元的启动资金，成功迈出了第一步，但“链上城市”的打造才刚刚开始。

第一个问题，如果CityDAO想要在现实世界建设一座城市的话，它需要有一块土地，土地怎么来？当然只能通过买地获得，先不管买地的资金是不是足够，一个更现实的问题是以谁的名义去买地？因为，DAO在传统的法律体系里既不是一个自然人，更不是一个法人，买到的土地记在谁的名下呢？如果以项目发起人的个人名义去买地，这种做法不仅在法律层面蕴含巨大风险，而且显然偏离了这种社区自治项目的初衷。

而这一点也正是CityDAO选择在2021年7月成立的主要原因。2021年7月1日，美国怀俄明州的“DAO法案”正式生效了。这个法案最大的亮点之一就是将DAO定义为一种有限责任公司，这样就赋予DAO组织一个明确的法律地位，比如CityDAO这样的项目就能以法人的名义购买土地，这样的流程当然是已经非常明确的。事实上CityDAO也是这么操作的，其实，这个项目的创意早在几个月之前就已经产生了，但是一直等到7月才正式开始实施，主要原因就是等待怀俄明相关法律的推出。虽然“DAO法案”的出台为CityDAO提供了一个解决法律地位的可行方案，但“怀俄明DAO法案”只适用美国人，世界上其他地方的人要想复制CityDAO的方式，目前来看还是不可行的。这是DAO法律主体的问题。

第二，是成立合规的问题。如果你对金融市场有一点基本了解的话，一定知道“公开募集”还是“私人募集”在金融领域是一个非常重要的话题。因为公募可能在较大范围导致投资人面临风险，所以在各国公募都会被严格地监管，需要通过一系列严格的信息披露去揭示相关风险，同时还需要获得监管机构的某种“许可”才能实施；而私募针对范围较小，只需通过限定参与标准和人数，以及针对投资人进行必要的风险提示就可以了。以 CityDAO 为例，如果单从参与人数的角度来看，一定是超出私募的范围了，但如果套用公募的标准，CityDAO 既没有盈利模式，也没有经营业绩，无论如何也很难达到公募的标准。怎么办？CityDAO 通过“售卖社区身份 NFT”的方式规避了这一风险，因为持有 NFT 只有参与社区治理的权利，而没有获得分红或者利息的权利，因此可以巧妙避开金融监管的问题。

第三，是实施治理的问题。不管一个组织需要决策的主要议题属于哪个领域，决策机制对决策效率的影响是普遍性的。虽然 DAO 可以为更多的人提供参与决策的机会，但对决策效率的影响却是多方面的。一方面，更多的人参与决策有可能提供更多的可供决策的选项；另一方面，更多的人，更多的选项包含在决策流程中，可能会对决策效率产生直接的负面影响。

以 CityDAO 为例，该项目在设计之初就提出了“双层治理结构”，即社区 DAO 和投资者 DAO。其中，社区 DAO 由全体社区成员组成，类似于社区的最高决策机构，但只负责土地购买和使用等重大事项的决策，而不负责项目的具体运营和管理；投资者 DAO 由社区 DAO 选出的99名代表组成，负责具体的项目运营。比如项目在怀俄明州购买了一块土地，那么就会有一个相应的99人组成的DAO和一个有限责任公司成立，负责使用社区资金实施项目。

设置这么一种“双层治理结构”当然是为了在扩大参与决策范围的基础上体现决策的专业性。但尽管如此，CityDAO的运营仍然面临一系列的问题，这个项目不仅在土地选址上走了很大的弯路，即使在目前已经购买的这块土地上，也在功能设计、设施配套以及运营模式等方面面临很大的不确定性，毕竟土地开发和城市运营还是非常专业的一件事。“民主并不能代表科学”，对于一个试验性质的项目来说，需要探索的事情实在太多了。

智能合约参与项目运营是DAO的一项重要特征，但是智能合约的法律属性如何界定还是一个非常存疑的问题。一方面，DAO的运营既依赖于人的参与，同时也离不开智能合约的参与，在一个同时包括法律文书和智能合约的治理系统中，如果法律文书的内容和智能合约运行的结果存在差异，应该以哪个标准为准？如果智能合约执行的结果对某些人的合法权益造成损害，应该由谁去承担相关责任？全体社区成员，还是项目发起人，还是智能合约开发人员？在怀俄明州“DAO

法案”中明确规定，DAO普通成员免于承担相关责任，且智能合约效力优先公司章程。也就是说，法律更看重实施的结果，而非看重表面的实施目标，但对于智能合约产生的侵权责任由谁负责并没有进行清晰说明。

此外，在一个虚实共生的世界里，其价值观和纯粹的虚拟世界并不完全相同，充斥于网络游戏中的各种暴力、歧视和骚扰等并不应该通过虚实共生而延展到真实个体之上；和虚拟代币相关的价格风险，比如价格的暴涨暴跌也不利于去中心化应用和社区自治功能的结合；长期使用VR/AR对于人的身心健康，以及思维判断的影响也将是一个不得不需要正视的问题。

这些都将是构建元宇宙需要面对的新的问题，需要通过新的规则去解决。毕竟，没有零成本的自由。

本讲主要的内容就是这些，既然元宇宙不可能完全脱离现实世界而存在，那么去中心化和现实世界运行规则的融合就不可避免，去中心化对于系统运营产生的改善效果可能是长期的，将去中心化和现实世界制度体系进行融合也需要一个长期的过程。

第三讲

新公民：新赛道需要探险家

这一讲的内容先从一段历史往事说起。

大家知道，英国是一个老牌资本主义国家，曾经因为其殖民地遍布全球而被称为“日不落帝国”，就是说在属于英国的土地上可以连续24小时看到日出，可见其当时国力之盛。英国仅凭三个海岛为什么能获得这么大的成就呢？简单来说是因为英国通过大航海和工业革命的结合在世界范围之内建立起了以自己为核心的全新的贸易链。这个贸易链把英国的工业品运往世界各地，同时把世界各地的棉花、羊毛等原材料源源不断地运往英国，英国成为“世界工厂”。所以，英国国力才能实现如此大的增长。

这其中，始于大航海时代的全球海洋运输线的拓展，对于英国全球贸易链的建立发挥了非常关键的作用。这里面就有一个很有意思的问题了，大家知道，最早走出大西洋，获得地理大发现的探险活动基本上都始于西班牙和葡萄牙，比如，哥伦布是在西班牙女王伊莎贝拉的资助下，才开启发现美洲新大陆的航行；而全世界第一个实现环球旅行的是葡萄牙人麦哲伦。那么，为什么英国最终能把西班牙和葡萄牙发现的航线变成自己的贸易路线呢?

一个很重要的原因就在于，西班牙和葡萄牙把海洋看成是欧洲人从欧洲大陆迈向其他大陆的踏板，踩过之后，几乎可以抛弃。你看西班牙和葡萄牙的殖民者，在踏上中、南美新大陆之后，一方面忙着和当地的土著抢地盘，一方面又忙着把从当地掠夺的黄金、白银运回欧洲。就像历史上不同时期反复出现的野蛮人和海盗一样，伺机而动、一哄而上、抢了就跑，海洋对于他们来说，就是一个拦在路上的“障碍”，最好的结果就是“轻松跨越”，这是一种典型的“陆权思想”。

但是，对于英国来说，就没那么“幸运”了，因为英国没有像西班牙和葡萄牙那样最先掌握通向新大陆的新航线，所以等英国走出去的时候，最富饶辽阔、最容易占领和最方便掠夺的土地已经被西班牙和葡萄牙瓜分得差不多了，比如现在的南美洲，不是讲西班牙语，就是讲葡萄牙语，已经没有太多可以属于英国的空间了。

那怎么办？英国只能就近占领一些仅仅处于大陆边缘，但是距离大洋航线又比较近的“弹丸之地”，比如，新加坡、中国香港以及南美最南端的马岛之类的地方。这些地方虽然没有广阔的土地和原始积累的金银供英国的殖民者掠夺，但是由于地处航线必经之处，所以特别便于开展贸易。这些蔚蓝色的大海，对于英国人来说，不是要想尽办法绕过去的“障碍”，而是要认真经营的“海上交通线”，需要配备方便贩运货物的仓储设施，方便交易的市场，方便分摊风险的保险交易所，以及船只修理、物资补给和人员休整等一系列设施和服务，才能让“海上交通线”方便地运转起来。所以，也是英国最早通过全球贸易使自己变成了“世界工厂”。

从这个角度来说，英国又是比西班牙和葡萄牙幸运的，因为，英国基于海洋实现的“业务模式”远比西班牙和葡萄牙更为长久，实现的利益也更大。但是，英国的幸运并不是主动的，而是被动的。想想如果英国在冲出大西洋的时候面对的是大片的可供拓展的土地，它一定会毫不犹豫地冲上去，但是它没有获得这个“机遇”，所以只能选择在当时看来完全是“非主流”的贸易业务。贸易之所以在当时属于“非主流”业务，是因为不论在生产方面，还是在运输方面，技术方案都还没有准备好，而一旦技术方案成熟，可以产生的能量就是极其巨大的。

从这段历史中，我们看到的是，新的叙事以构建全新的逻辑为基本特征，在全新的逻辑中定位自己才能获得新的机会。虽然我们简单地用几分钟的时间讲了一个大概的情节，但如果从15世纪大航海开始算起，这个真实的故事已经持续了几百年的时间，至今仍对我们生存的世界产生着深刻的影响。一个新的叙事的开始不一定非要等到旧的叙事完全结束，或者说，新的叙事没有展开之前旧的叙事是不会结束的。那么，2021年，一个可以类比地理大发现的新的叙事已经开启新的一页。

元宇宙已经吹响了引导人类向数字化生存进发的新的号角，为了这一次新的进发，按照数据生命周期需要具备的各项技术已经经过数年的酝酿和迭代，逐渐接近大规模应用的前夜；集各种数据技术于一身的互联网已经基本上实现了人的数字化，一方面正在向“物物相息”和“人物相息”的更加宽阔的互联网进发，另一方面，基于区块链等分布式账本技术，正在通过为信息和数据赋予一定的稀缺性，推动信息互联网向价值互联网的纵深方向持续发展；互联网对人类生活的渗透不断提升，人们已经基本适应了通过数字化的手段和各种场景进行交互。

虽然元宇宙的终极形态还不得而知，但其雏形已经出现。

元宇宙组件方面，虚拟偶像产业链已经初具规模，更大规模的“数字分身”正准备登录元宇宙，数以亿计的元宇宙原住民在“衣食住行”方面的需求即将出现；虚拟商品和虚拟土地的玩法在快速迭代，新的需求、新的产业不断涌现。

工具方面，游戏引擎，让元宇宙中的每一个细节变成复杂的产业链；开发者协作平台，整合硬件和软件的能力，极大提升元宇宙构建速度；游戏平台化的演变以及经济模型的拓展，正在成为人类探索元宇宙的最佳工具；数字孪生，通过“场景再造”将为元宇宙建立现实世界“平行世界”发挥重要作用。

经济制度方面，适应于开放性虚拟世界的产权确权制度和金融制度已经出现。自带可编程功能的商品确权制度可以通过和具体场景的结合衍生出更多形式的权利，全新的清、结算逻辑和“三无模式”使去中心化金融在产品特性、服务模式、运行效率方面表现出全新的特征；用户参与的平台型生产模式极大地提升了产出规模，灵活参与的组织模式通过在执行效率方面的优势显示出极大的潜力。新的规则必然不能完全兼容于已有规则，但更高维度上的制度创新终将会形成新的共识。

这就是元宇宙的新叙事，站在今天这个时间点，本着认知、创业、就业、学习的目的可以尝试从以下角度出发。

站在投资下一代互联网的角度，按照元宇宙“四重架构”的层级体系，可以梳理出四条产业主线。

一是交互，主要涉及元宇宙交互层的核心功能，包括加密钱包，VR 系列和脑机接口系列的人机交互技术。加密钱包方面可能的机会是目前基于区块链技术开发的各种去中心化钱包、钱包插件、实现多链互通的跨链产品以及降低用户使用门槛或者优化用户使用体验的创新技术方案。人机交互方面，VR、AR 眼镜在 Meta、微软等大厂的主导下正在迅速迭代，基于 VR 和 AR 眼镜一个新的交互生态正在显现，在这个生态系统下，内容创作、游戏开发以及作为行业先导的产品体验都有新的机会出现。

二是内容创作，主要涉及元宇宙应用层的各类功能，包括人物类、商品类、建筑类、内容类以及数字孪生相关的各种元宇宙组件的设计、制作、工具类软件以及算法开发等环节。其中，虚拟偶像、虚拟人物、数字分身的形象创作；数字装饰品、道具、装备的设计和制作；数字建筑、景观的设计和建筑，数字艺术品的创作和展览；沉浸类游戏、沙盒类游戏的设计、开发和运营；上述内容的发行和交易；内容创作，以及与此相关的AI算法、知识库、声库的研发；游戏引擎、设计软件、开发平台；适应于各个门类的工业引擎、空间建模和数字孪生技术，以及对应于实体商品展示、体验、品牌和营销的相关系统等。

三是通用服务，主要涉及元宇宙数据层、协议层和治理层的各类功能，包括数据产业链相关业务、分布式账本技术、金融和社区治理方面的各种服务和工具。其中，隐私计算是关系到数据基本属性和数字经济基本运行规律的基础技术，隐私计算主题下多方安全计算、零知识证明、同态加密、可信安全计算等系列技术的研发及商用，以及基于隐私计算技术设立的“去中心化身份认证”即DID系统；分布式账本技术中，各种公链和联盟链的优化和升级、共识机制的创新，跨链和链上链下互通机制的设计；金融和社区治理服务及工具方面，包括法定数字货币涉及的产品研发、支付、钱包、信息检索，供应链金融和各种非标金融资产中的资产确权、流通、交易以及各种结构化产品开发等服务，适应于DAO组织使用的各种投票、代理和社交工具等。

四是网络基础设施，主要涉及基于现实世界为元宇宙提供数据采集、存贮、计算、通信等功能的技术研发和商业应用方案，包括各种物联网设备、边缘计算设备、5G和6G通信网络、绿色低能耗计算设备、高速数据传输技术、智能网络、分布式存储、分布式计算等领域。

站在个人技能储备的角度，两种技能在元宇宙时代显得非常重要，一种是相关软件的动手能力。这一点并不是要求所有人都以IT开发为主要职业，而是说，对于从事非技术类工作的人员来说，需要具备一定的动手能力。比如营销人员需要基于各种低代码平台或者无代码平台的开发能力，对于程序开发不一定非常精通，但是要能上手，进行一些复杂功能的操作；比如设计或者艺术创作的人员，除了具备自己独特的美学素养之外，还要具备使用3D动画设计软件的能力，还要具备在不同的技术平台下，比如百度的希壤、网易的瑶台、Decentraland或者Sandbox之类平台进行设计和创作的能力。

综合来说，就是基于数据，或者运用工具进行基于数据的处理和操作的能力。

另一种是创意方面的能力。前文已经提过，不管人工智能在替代人类在劳动方面走得多远，人的注意力资源都是稀缺的。什么可以吸引人的注意力？只有通过创意形成的一种情感共鸣才可以打动人、吸引人，虚拟世界信息复制成本接近于零的特点使得信息在“供给数量”上可以接近无限，但在“供给质量”上还是要依靠人的原创。此外，对于创意的表达能力也非常重要，在注意力成为主要稀缺资源的时代，通过自媒体的运营，建立传播渠道，使有意思的观点和作品能够传递出去是实现创意价值的必要环节。

从以上两种能力的内容来看，生存在数字化时代的人类需要在技能储备上和技术形成一种互补关系。相比技术在重复产出方面具有不可超越的优势，人类可以体现出优势的领域，一个是工作性质足够复杂，技术还无法胜任；另一个就是参与到技术的研发和应用过程中，即使不能从研发的角度参与进去，也要在使用方面具备一定的基本能力，剩下的工作就交给人工智能去完成吧。

本讲的主要内容就是这些。

到这里，本书的全部内容也到了尾声，希望通过这本书你能获得关于元宇宙的一些基本的认知，更希望能针对元宇宙产生更多的问题。因为，元宇宙充满了值得我们几代人去探索、去实践的理由，而最缺的恰恰就是标准答案。

非凡的发现都始于伟大的问题！

附 录　元宇宙大事记

国际部分

1981年，美国数学家和计算机专家 Vernor Vinge 教授出版了《真名实姓》，创造性地构思了一个通过脑机接口进入并获得感官体验的虚拟世界，这被认为是元宇宙的思想萌芽，尽管还没有元宇宙的概念。

1992年，美国科幻作家 Neal Stephenson 的科幻小说《Snow Crash》中提出了“Metaverse（元宇宙，汉译本译为‘超元域’）”和“Avatar（化身）”两个概念。书中情节发生在一个现实人类通过 VR 设备与虚拟人共同生活在一个虚拟空间的未来设定中。

1994年，Web World，第一个轴测图界面的多人社交游戏出现，用户可以实时聊天、旅行、改造游戏世界，开启游戏中的UGC模式。

1995年，Worlds Incorporate，第一个投入市场的3D界面MMO，强调开放性世界而非固定的游戏剧本。

1999年，Josef Rusnak执导的《异次元骇客》上映，影片讲述了虚拟世界Hanon Fuller突然死亡，其好友及合伙人Douglas Holl却成了头号嫌疑人，Hanon为了搞清真相往返于现实和虚拟世界之间的故事。

2002年，美国密歇根大学教授Michael Grieves在该校"PLM开发联盟"成立时的讲稿中首次图示了数字孪生的概念内涵，2003年他在讲授PLM课程时使用了"Digital Twin（数字孪生）"一词。

2003年，《Second Life》上线，该游戏"没有可以制造的冲突，没有人为设定的目标"，人们可以在其中社交、购物、建造、经商，在Twitter诞生前，BBC、路透社、CNN等报社将《Second Life》作为发布平台，IBM曾在游戏中购买过地产，建立自己的销售中心，瑞典等国家在游戏中建立了自己的大使馆，西班牙的政党在游戏中进行辩论。

2004年，实时3D互动内容创作和运营平台Unity成立，平台提供一整套完善的软件解决方案，可用于创作、运营和变现任何实时互动的2D和3D内容，支持平台包括手机、平板电脑、PC、游戏主机、增强现实和虚拟现实设备。

2005年，Roblox（罗布乐思）Beta版上线，Roblox是一款兼容了虚拟世界、休闲游戏和自建内容的游戏，游戏内容包括FPS、RPG、竞速和解谜等多种形式，其中大多数作品都是用户自行建立的。

2009年，Roblox获得第一笔融资，升级了游戏编辑器，同时开放商业化进程，引入虚拟货币“Robux”，Roblox发展进入快车道。

2010年，Kristoff Nolan的《盗梦空间》对人类的梦想改造与现实影响做了大胆想象。

2012年，Roblox的月独立访客数量已经超过了700万人，成为最受欢迎的儿童网站之一。

2014年，Wally Pfister的《超验骇客》把人的意识数据化，上传到电脑中，并在虚拟世界进行复生。

2014年，Facebook宣布与沉浸式虚拟现实技术的领头羊Oculus VR公司达成了最终协议，以近20亿美元的价格收购Oculus VR公司，Facebook开始聚焦VR硬件。

2014年，Michael Grieves撰写的《数字孪生：通过虚拟工厂复制实现卓越制造》(Digital Twin:Manufacturing Excellence through Virtual Factory Replication)文章中进行了较为详细的阐述，奠定了数字孪生的基本内涵。

2014年9月，微软宣布已与瑞典游戏开发商 Mojang 签署协议，将以25亿美元收购 Mojang，Mojang 旗下拥有知名游戏《我的世界》(Minecraft),《我的世界》移动版已经成为 iOS 和 Android 平台最热门的付费应用。

2015年1月，微软发布 HoloLens 头显，Hololens 可以将虚拟和现实结合起来，并实现了更佳的互动性，使用者可以很轻松地在现实场景中辨别出虚拟图像，并对其发号施令。

2018年，美国导演 Steven Allan Spielberg 执导的科幻冒险电影《头号玩家》上映，影片中出现了虚拟世界“绿洲”，同时向世人展现了人类通过 VR 眼镜和体感捕捉设备在现实世界和虚拟世界之间以不同的身份切换和生活的情景。

2020年，Facebook VR 社交平台“Facebook Horizon”正式上线，并发布了第二代 VR 一体机 Oculus Quest2，该设备具备5G 接入的能力，不仅可以独立运行 Oculus 自带的应用商店以及 SteamVR 游戏库，还可以通过 Oculus Link 电缆连接到 PC，获得 PC 端的 VR 游戏库和流畅的游戏体验。

2020年6月，谷歌与Coinbase合作，允许交易所客户使用他们的Coinbase卡通过Google Pay支付商品和服务，用户还可以在购物时获得高达4%的折扣优惠。

2020年8月，Elon Musk在位于加州弗里蒙特的脑机接口初创公司Neuralink总部通过直播的方式展示了硬币大小的Neuralink植入物和进行设备植入的手术机器人，并透露该公司已经在老鼠和灵长类动物身上进行了测试，公司通过植入动物大脑的微型电极能够记录和分析动物的神经活动。

2021年3月，Roblox顶着“元宇宙第一股”的光环，在纽交所上市，发行价为45美元，市值近300亿美元；Roblox的招股书显示，截至2020年，它拥有3100万日活用户、1.5亿月活用户，分布在全球180多个国家，其中超过一半用户不到13岁。

2021年4月24日，Epic Games在其游戏《堡垒之夜》与美国著名说唱歌手Travis Scott携手，在全球各大服务器上演了一场名为“Astronomical”的“沉浸式”大型演唱会，该演唱会参与用户创纪录地达到了1000万，并为Youtube创造了大约6亿次的点击。

2021年4月，美军花费219亿美元向微软公司购买MR头显。

2021年5月，谷歌I/O大会公布名为Starline的3D视频通话技术，Starline是谷歌开发的一种实验性视频通信方法，称它将允许用户通过利用机器学习、空间音频、计算机视觉和实时压缩来自然地进行交谈、手势和眼神交流，用户无须佩戴典型的虚拟现实护目镜即可获得3D效果。

2021年7月，《Axie Infinity》是一款由越南游戏开发商SkyMavis在以太坊开发的虚拟宠物养成和对战游戏，TokenTerminal数据显示，《Axie Infinity》7月总收入1.67亿美元，创历史新高。SensorTower数据显示，2021年6月，《王者荣耀》是全球收入最高的手游，当月收入2.77亿美元，平均单日收入约920万美元，《Axie Infinity》7月28日单日收入超《王者荣耀》两倍。

2021年10月，Facebook Connect年度大会上，Facebook宣布，公司名将更改为“Meta”，这是元宇宙Metaverse的前缀，意思是包涵万物无所不联，同时，公司自2021年12月1日将开始按新的股票代码“MVRS”交易。

2021年11月，微软宣布将推出Mesh for Microsoft Teams软件，Mesh是微软推出的一项沉浸式体验技术，Mesh for Teams结合了Microsoft Mesh的混合现实功能，允许不同位置的人们通过生产力工具Teams加入协作，召开会议、发送信息、处理共享文档等，共享全息体验。

2021年11月，韩国首尔表示将成为第一个加入元宇宙的城市政府，首尔将在一个依靠虚拟现实的沉浸式互联网中提供各种公共服务和文化活动，其中包括一个虚拟市长办公室以及为商业部门服务的空间、一个金融技术孵化器及一个公共投资组织。

2021年11月，英伟达在GTC 2021上重磅发布了人工智能“阿凡达”平台（Omniverse Avatar），一个用于生成交互式AI化身的技术平台，并展示了3个虚拟人：“迷你玩具版黄仁勋”Toy-Me、用于快餐店服务的“蛋壳人”和用在会议软件中的虚拟人，这一产品的发布标志着英伟达正式进军元宇宙。

2021年11月，虚拟世界平台Decentraland里，一块数字土地被卖出243万美元（约合人民币1552万元）的高价，再次刷新虚拟房产的价格纪录，同时该售价也已经略高于现实中美国曼哈顿的平均单套房价，更远高于其他美国行政区和旧金山的单套房价，这块数字土地的买主是数字资产投资集团Tokens.com的子公司Metaverse Group。

2022年1月，微软宣布，计划以每股95美元的现金收购游戏开发和互动娱乐内容发行商动视暴雪，其溢价达到了45%，交易总金额约为687亿美元。

国内部分

2012年，腾讯3.3亿美元投资 Epic Games 约48.4% 股份。

2016年和2017年，阿里巴巴先后投资了 MagicLeap 的 C 轮和 D 轮融资，MagicLeap 是全球最受投资者青睐的增强现实 / 混合现实公司之一，成立于2010年，融资超过20亿美元，其主要产品是头戴式显示器“Magic Leap One”。

2019年5月，腾讯宣布与全球领先的游戏UGC平台 Roblox 合作成立中国公司，代理 Roblox 中国版“罗布乐思”，此后腾讯还参与了 Roblox 的融资。

2019年5月9日，代码乾坤旗下青少年创造社交平台《重启世界》（REWORLD）上线。

2020年11月30日，马化腾在腾讯内部刊物提到一个跟元宇宙非常接近的概念：“全真互联网。”

2021年1月，字节跳动以近一亿元的价格投资手机游戏研发商、“中国版 Roblox”代码乾坤。

2021年4月，字节跳动收购VR公司Pico。IDC数据显示，2021Q2Pico位居全球VR硬件市场份额第二，中国第一，Pico将并入字节跳动的VR相关业务，整合字节的内容资源和技术能力，此次收购价格高达90亿元，是截至当时中国VR行业最大的一笔收购案。

2021年9月16日，清华大学发布学界第一份元宇宙报告：《2020—2021年元宇宙发展研究报告》。

2021年9月，阿里巴巴申请注册“阿里元宇宙”“淘宝元宇宙”等商标。

2021年10月，阿里巴巴云栖大会上，阿里巴巴达摩院XR实验室负责人谭平发表主题为“元宇宙是下一代的互联网”的演讲，公司达摩院宣布增设两大实验室：操作系统实验室和XR实验室。

2021年10—11月，第一批元宇宙产业委员会成立，包括中国移动通信联合会元宇宙产业委员会、中国民营科技实业家协会元宇宙工作委员会。

2021年11月11日，腾讯为每名员工发放了23周年纪念版NFT（非同质化代币），腾讯官方将其称为“数字藏品”，每份NFT都是一个不同的企鹅图像，独一无二。

2021年11月，百度在苹果应用商店内推出了VR社交App“希壤”。“希壤”作为一个跨越虚拟与现实、永久续存的多人互动空间，融入了大量中国元素，中国山水、中国文化、中国历史都将融入城市建设和互动体验中。

2021年11月12日，在中国电信5G创新应用合作论坛上，中国电信旗下公司新国脉启动2022年“盘古计划”，计划将聚焦云、5G、XR、大数据AI等核心赛道，在云领域，尤其云游戏等5G应用方面加大投资力度，助力元宇宙场景快速落地，在业务层面、生态层面、资本层面全面布局元宇宙。

2021年11月17日，华为举办新品发布会，推出华为VR Glass 6DoF游戏套装，该游戏套装包含一个VR眼镜、一对游戏手柄、一个视觉模组与散热背夹。

2021年11月25日，字节跳动入股Pico。天眼查显示，广州市梦途信息科技有限责任公司发生工商变更，股东新增字节跳动关联公司美景量子跃动科技有限公司。官网信息显示，梦途科技主要研发IT技术（体感、VR、AR、web等领域）。

2021年12月2日，小米关联公司瀚星创业投资有限公司、英特尔亚太研发有限公司，成为由张艺谋等联合创办的VR公司北京当红齐天国际文化科技发展集团有限公司的股东，该公司注册资本增至约7574.61万人民币。

2021年12月5日，新华社成立元宇宙联创中心：共建新一代互联网数字空间新生态。

2021年12月30日，上海市印发《上海市电子信息产业发展“十四五”规划》，布局元宇宙。

2022年1月21日，爱奇艺热播剧集《风起洛阳》携手“薄盒 Mints”，公开发售主题数字藏品，上线7小时后6000多件藏品全部售罄。

2022年2月，北京市通州区政府印发了《关于加快北京城市副中心元宇宙创新引领发展的若干措施》，该措施提出，北京城市副中心将打造一批元宇宙示范应用项目，支持一批元宇宙应用场景建设，同时，依托通州产业引导基金，采用“母基金＋直投”的方式联合其他社会资本，打造一支覆盖元宇宙产业的基金。

2022年3月7日至14日，上海数据交易所启动元宇宙全球招聘，同步上线元宇宙招聘大厅，这也是上海数据交易所成立以来的首次招聘。

后 记

这本书内容已经录制成音频节目发布于喜马拉雅，在编写过程中也得到喜马拉雅的大力支持，特别是张爽老师在选题设计、框架结构以及内容组织方面提供了直接的帮助，在此表示感谢。还有两仪思维的CEO田爱娜女士、产品经理王欢女士、视觉设计徐佳慧女士也对本书的设计、编写提出宝贵意见，并投入时间和精力完善内容。此外，作为音频和书籍的前两位用户，热心听众韩延平和郭因河也对本书的具体内容提出建议，并给予积极鼓励，在此特别感谢她们。

郭大治